盼望，小羅斯福

新政改革

經濟規劃×關稅問題×政府重組，帶領人民走出困局，大蕭條後的美國願景

LOOKING
FORWARD

1933 年 3 月 4 日，美國剛結束了「大蕭條」，
富蘭克林．羅斯福宣誓就任總統，接下燙手山芋。
面對經濟處於崩潰邊緣的窘境，他制定了一系列改革方

農業、土地、金融、鐵路、司
99 天內即挽救國家於存亡中！

這位總統如何精準點出制度弊病，又如何巧妙解決社會矛盾？
從規劃到執行，本書將娓娓道來
小羅斯福的「百日新政」！

富蘭克林．羅斯福
Franklin D. Roosevelt 著

孔寧 譯

目錄

開篇　羅斯福時代

開篇　羅斯福時代

富蘭克林‧德拉諾‧羅斯福（西元 1882～1945 年），雖然是最受爭議的總統之一（在他的任期內，美國憲法通過了第二十二條修正案，限制一位總統至多連任兩期），但也是美國歷史上最優秀的總統之一，他不僅任期比其他任何總統都要長，而且他還帶領美國度過了兩次最嚴重的危機——現代史上最嚴重的經濟危機和人類歷史上最慘烈的戰爭。但上面這些是大眾的描述，也是史書上對他的記載。令他的崇拜者和敵人感興趣的是，一個特別家庭的子孫，究竟是如何透過成為美國民眾的真正朋友而廣為人知的。

1882 年 1 月 30 日，羅斯福出生於紐約的海德公園。他是荷蘭人的後裔，祖輩於 1860 年代移民到新阿姆斯特丹，他的父親是一名富有的鐵路官員，母親也出自一個富足的美國家庭。小富蘭克林在公立學校讀書，也在家裡接受專人教導，每年都會與家人去歐洲旅行。但是，家人對他絕不溺愛。父親教導他應該為自己的所作所為負責，母親也是一個非常嚴厲的人（直到羅斯福去世的時候，他還記得母親嚴厲的樣子）。羅斯福 14 歲的時候，被送到一所私立的寄宿學校——格羅頓公學，後來又進入了哈佛大學。初到哈佛的富蘭克林是一個靦腆又害羞的學生，但透過參加體育運動和課餘活動，尤其是參加辦校報的活動，他成為一名社交上的活躍分子。不過，他沒有獲得過獎學金。畢業後，富蘭克林又

到哥倫比亞大學學習法律。他很聰明，輕鬆地獲得了學位，又通過了律師考試，進入了紐約的一家律師事務所。在此期間，羅斯福與他的遠房堂妹愛蓮娜·羅斯福（堂叔西奧多·羅斯福的女兒）結為夫妻。也許當時羅斯福並沒有想到，他的妻子也將會成為一名重要的大眾人物。

羅斯福很快便發現，自己已經不滿足於僅僅做一名律師了。1910 年，他身為民主黨候選人競選紐約州參議員。他最終獲得了這個已被共和黨壟斷了 32 年的席位。在擔任參議員的時候，他顯得老練而獨立，對政治生活十分適應。在 1912 年的總統大選中，他支持伍德羅·威爾遜（Thomas Woodrow Wilson），反對他的親戚西奧多，後來作為回報，羅斯福被任命為海軍部助理部長。羅斯福對這一工作非常熱愛，這也許是緣於他對海軍歷史和航海的酷愛吧。在第一次世界大戰時期，羅斯福人氣極旺，聲名鵲起。1920 年大選中被民主黨提名副總統候選人。雖然他和競選夥伴詹姆斯·考克斯（James Cox）敗給了哈定（Warren Harding）和柯立芝（John Coolidge, Jr.），但是羅斯福還是獲益匪淺。

1921 年 8 月，羅斯福在坎波貝洛島的海濱別墅中度假時，由於火災和芬迪灣冰涼刺骨的冷水而患上了脊髓灰白質炎。幾個月的病痛之後，羅斯福面臨著癱瘓的危險，這就意味著，即使保住了性命，他也會下半身癱瘓。但是，羅斯福

不畏病痛，而是透過游泳和健身來增強自己的體格。雖然他以後不可能再離開輪椅和拐杖，他還是很樂觀；也許這意味著他將從政治舞臺消失，但人們卻不斷看到羅斯福參與政治活動的身影。1924 年，他開始回歸政壇，在民主黨大會上提名紐約州長阿爾佛雷德‧E‧史密斯為總統候選人。雖然史密斯沒有獲得最後的提名，但是羅斯福的這一舉措卻被視為極具改革意義，因為史密斯信仰天主教，在那個時代成為總統是不可想像的。1928 年，在羅斯福的支持下，史密斯獲得了提名。同時，他也勸說羅斯福競選紐約州州長。最後的結果是，史密斯敗給了胡佛，羅斯福卻贏得了紐約州州長的選舉。從此，羅斯福開始青雲直上了。

　　1923 到 1933 年的十年中，羅斯福擔任了兩屆紐約州州長，進行了許多行政改革和積極的立法工作。1932 年，羅斯福開始著手競選總統，他獲得了總統候選人提名並擊敗了時任總統的赫伯特‧胡佛（Herbert Clark Hoover）。在他的第一次國會演講中，羅斯福向美國人民宣布要實行「新政」。

　　1933 年 3 月 4 日，羅斯福臨危受命，宣誓就任總統。48 小時後，他採取了一系列措施來平息金融危機。在羅斯福的要求下，3 月 9 日，國會通過《緊急銀行法》，決定對銀行採取個別審查頒發許可證制度，對有償付能力的銀行，允許盡快復業。99 天內（一般被稱為「百日新政」）制定了許多美國

歷史上著名的法律和改革方案。為了緩解經濟危機，政府削減聯邦工作人員的薪資支出和退伍軍人的津貼，調整國家貨幣政策，改革財政和銀行體系，解決中產階級的問題，為生活極端貧困的人們發放救濟和提供工作機會，採取一系列的農業和工業改革措施。在羅斯福的領導下，美國國會制定了大量適合美國的、至今仍被採用並影響深遠的法令。比如，田納西流域管理局（TVA）和水力發電站的建立，降低了發電成本，又帶動了周邊地區的發展。又如《全國勞資關係法》，給了工人和眾多勞動者們最廣泛的權利。美國證券交易委員會進一步規範股票市場，保護投資者的利益。此外，大家最熟悉的就是專為老人提供養老金等職能的社會保障體系的建立。

羅斯福的反對者們指責他正在將美國帶入社會主義，甚至共產主義。但是，後來所有的史學家都承認是他拯救了資本主義。同時，他也與世界各國建立了更加良好的外交關係，甚至包括法西斯德國和社會主義國家蘇聯。羅斯福的一系列改革措施實現了他在競選時的承諾，大量法令的頒布實施使得美國從大蕭條中走了出來，免於崩潰的命運。

1939 年 9 月，第二次世界大戰在歐洲爆發。美國人民對戰爭不感興趣。羅斯福卻巧妙地設法支持加入戰爭的英國，運送戰時物資、提供貸款、允許美國艦隊炮擊德國艦隊為英

軍護航。當日本突襲珍珠港時,羅斯福已經帶領美國為大規模的戰爭做好了充分的準備。生命中的 52 個月他都是美國軍隊的絕對核心和支柱力量,同時他鼓勵美國人民對同盟國提供支援。雖然羅斯福沒有親自參戰,但他制定了許多重要的戰略決策。或許這些是由於他與英國首相溫斯頓‧邱吉爾還有其他盟國領袖們經常會晤的緣故。所以,在大蕭條時的美國,是羅斯福卓越的領導才能和非凡的個人魅力使得美國人民深深地懂得,只有緊緊把握時代的脈搏,才能真正達成生活的目標。

1940 年,羅斯福開始了他的第三個總統任期。這是美國歷史上從未有過的,因為似乎只有他才能讓美國度過難關,走向復興。1944 年,他又開始了更是史無前例的第四個任期,因為戰時更換總統是不明智的。他的反對者們稱他為獨裁者,但他的親隨們都知道,這將是羅斯福的最後一個任期。然而,他們卻也未曾料到,雅爾達會議結束後兩個月,身心疲憊的羅斯福在喬治亞溫泉休養時悄然逝去。1945 年 4 月 12 日,一位現代歷史上的巨人與世長辭。羅斯福臨終前,便已斷定戰事即將結束。

羅斯福為美國做出了卓越貢獻。他去世後的 50 年中,他的頭像都被印在美國的郵票上,人們對他的敬仰不僅僅是由於他保護了人民的利益(例如社會保障體系),而且還因為

他解決了關係國家利益和民族發展的許多重大問題。當然，羅斯福也有其不足之處：他對歐洲猶太人的困境無動於衷；允許將美籍日本人送往隔離營；低估了前蘇聯的野心等等。但是，如果要根據一個總統上任時到離任時的不同國情來判斷的話，羅斯福毫無疑問是美國歷史上最成功的總統之一。在一般美國人心目中，他是與喬治‧華盛頓和亞伯拉罕‧林肯齊名的三大偉人之一。他在就職演說中說過的話，有些成了廣泛流傳的名言，如「我們唯一的恐懼就是恐懼本身」，如「一個國家的壽命究竟有多長，要按其生存的願望而決定」等等。

開篇　羅斯福時代

前言

　　這本書是我 1933 年 3 月 1 日前所寫的眾多文章和發表的眾多講話的彙編。我所增加的部分是為了讓這些資料渾然一體。

　　在下面的這些評論中，我所談論的不是政治而是政府，不是黨派問題而是普遍的原則。一位偉大的美國人曾經在很大程度上從這些評論中解讀出了政治的含義 —— 政治科學是關於人類生活的各種事務的科學。除此之外，這些評論都是非政治性的。

　　從能夠影響到普通美國男女生活狀況的改善這樣一門科學的角度來說，國家政治的品格是國家領袖的問題，尤其當我們處於責無旁貸地要力挽狂瀾的年代，在這個年代，所有的事物看來都處於循規蹈矩、墨守成規、一成不變的狀態而這個世界也變得老弱不堪、筋疲力盡、一盤散沙。這就是大蕭條的氛圍，淒淒慘慘戚戚，令人生厭的大蕭條。如果我們的政治領袖的素養夠堅強，那麼他們就應該能夠使這種大蕭條陰影消失得無影無蹤，一去不返。

PREFACE

　　所有事情都表明，這種無益哲學是錯誤的。美國是朝氣蓬勃的，正處於變革和發展的進程中。她有著巨大的青春潛力。但是青年應當誓死推翻政治與政府不作為的銅牆鐵壁。

　　誠然，我們的政府是由我們自己創建的，其所奉行的政策以及許多具體的行動都接受我們的指令。但同樣不可否認的是，雖然不能稱之為自私，但我們在政府的利益的確是我們自己的利益，因為每當我們確保政府的某項行動對我們自己有利，那麼此行動也應當對全體人民有利。當我們環顧四周時，很可能已經忘卻了我們的人民為爭取制度權利所付出的艱苦努力。

　　良好的政府應在下列方面保持平衡：每個人都應能找到自己的位置，每個人在希望獲得安全感時就能找到這種安全感，每個人都能獲得人盡其才，各施所能，並與他們所承擔的責任相一致。

　　所以說，良好政府所取得的成就是一項漫長的工作。沒有什麼事情比人類的天真無邪更令人感到震驚的了 —— 他們堅持認為，一旦目標確定，就應當立即制定一項特殊計畫來確保目標的達成。

　　人類的力量可不像想像的那麼簡單。政府包括制定政策的藝術；運用政治手法來使這些政策獲得大眾的普

遍支持；以及說服、領導、犧牲以及不斷地進行教化，因為政治家最偉大的職責或許就是進行教育。

我們必須朝著使得主要的經濟蕭條狀況不再重演的方向努力；如果這意味著要犧牲靠採取通貨膨脹政策達成繁榮獲得的利益，那麼就隨他們去吧。

我們最近在投機方面的實踐已經使許多人的想法發生了混亂。整整一代人因為合作這個詞而發瘋，各個行業已經召開了多次會議，制定了一系列貿易規則、道德準則，舉辦晚會並發表鼓舞士氣的講話 —— 這一切的目的都在於提升銷售水準和產量。但我們所缺的是這種防止而非刺激生產過剩的規畫。自然而然地，曾經作為我們的保障力量的工業乃至機構的頹廢狀況使得人們對於現在該採取何種行動感到迷惑不解；曾幾何時，他們還能夠從過去的歷史中尋找到可資借鑑的東西。當這樣的實踐似乎無法帶來任何啟迪作用，大蕭條這種重大的社會現象很可能引發動盪。然而，放蕩不羈的激進主義者卻回天乏術，而我能夠給我們的同胞們最偉大的頌揚之詞就是，在這物質極度匱乏的日子裡，我們的數百萬民眾雖然苦不堪言，但依然一直保持著一種井然有序、信心百倍的精神。如果無法提供新的機遇給他們，那就不但是對他們所抱有希望的背叛，而且是對其耐心的誤讀。

PREFACE

　　回應激進主義的危險就意味著災難的降臨。這是挑戰，是煽動。應對這種風險的方法就是制定出一項可行的重建計畫。一方面要防止採取盲目行動，另一方面又得提防打一槍換一個地方的不負責任的機會主義做法，而這種計畫是，而且是唯一恰當的防護方法。

　　我的政黨既非初出茅廬，也非缺乏經驗。在民主黨內，一直可以合法地追溯到 —— 如果可以這樣說的話 —— 該黨召開會議並提名我們為總統候選人之時，從這個意義上來說，我的國家領導能力是稚嫩的。但是，該領導層中的新面孔並不應當意味著在制定政策方面缺乏經驗。他們一定會根植於過往的政府實踐當中。伍德羅・威爾遜所明智地提出的聯邦主義是一個集團，該集團「團結一致，並對利益共同體有著清楚的認知。」傑佛遜的目的是要讓國民知道，聯邦主義的團結唯一一種局部性團結，它只代表一小部分人的利益，如果要建立一個偉大的國家，就必須考慮全國各地所有集團的利益。他被稱為政治家，這是因為他花費數年之心血致力於一個政黨的建設事業。但是，他的艱苦努力本身對於達成全國各地團結一致地支持共同原則做出了肯定性的、實際的貢獻。當人們漫不經心地，或假充內行地嘲笑政黨時，他們忽略了這樣的事實：政府的政黨制度是

實現團結，並教育人們從我們文明的共同利益出發來思考問題的最偉大的方法。

在我們自己的歷史長河中有這樣三位偉人——班傑明·富蘭克林、湯瑪斯·傑佛遜和西奧多·羅斯福，他們主要因為其達成了利益的一致性和具有的學識而卓爾不群。這三位都能最先知道國內和國際生活的每一個反對思潮。所有這三位偉人都具有深厚的文化底蘊，又都能對人們的渴望和機會的缺乏——他們的數百萬同胞兄弟的希望和恐懼——予以理解。

我認為，在這三位當中，從各方面講，傑佛遜堪稱最深謀遠慮的學生。他的求知欲最為強烈，知識最為豐富，最重要的，他在任何時候都最具有遠見卓識，對當前行動為人類造成的最終影響明察秋毫。

傑佛遜的方法通常表現在建立在共同利益的政府問題上。我能夠描繪出他連續數週騎馬深入我國的各個州，一點一滴、勤勤懇懇地累積著他對我國人民的了解的情景。他不但了解各個階層人們的需求，而且使他們對自治政府的基本原則有了理解。

傑佛遜在心靈和精神方面如此之偉大，以至於他知道普通人都會理解他的這番話，「我經常會因為不完全明智的判斷而犯錯。而當我判斷正確時，那些缺乏全域立

PREFACE

場與眼光的人卻認為我錯了。我請求你們的支持，來反對其他人的錯誤，這些人會指責那些如果從全域角度出發就不會加以指責的事物。」

我不會談論那種經過徹底規劃和整頓的經濟生活。這既不可能，也不現實。我要討論的是必要性問題——政府必須在何處進行干預，以使全國經濟結構各組成部分相互適應；不但在我們整個偉大的國家的各個地區之間，而且在不同的經濟體以及這些經濟體的各個集團之間都存在著真正的利益共同體；所有人都應參與各個階層共同的生活為基礎進行規劃的補救工作當中。就我們目前的大部分計畫而言，這裡存在著大量以偏概全、以點帶面、以局部替代整體的傾向。我不希望由某個階級來控制局面，而是希望達成真正的利益一致。

我們在目前的緊急形勢下所制定的計畫如果是明智的，並且將我們的結構置於一個足夠廣泛的基礎之上，那麼，我們就到了一條使我們的社會與經濟生活更持久地得到保障的康莊大道，並最終在很大程度上避免從繁榮到蕭條的惡性循環中去。從這個意義上說，我支持不僅在當前時期，而且有必要在未來相當長時間內進行經濟規劃。

如果傑佛遜能夠重新回到我們的議事機構當中來，他會發現，一個世紀的經濟變革雖然已經使得政府行為的必要方法發生了變化，但是政府行為的原則依然完全是他自己所曾宣導的原則。他基於公平、公正的共同利益，實現了廣泛的思想一致性與行動一致性。他努力使得分散的農民、個人和商人都參加到國家事務之中。這就是他的目標，這就是他所創建的政黨所堅持的原則。當前，這一點成為國家團結的動力。

　　對美利堅充滿信心，對我們的個人責任感這個傳統充滿信心，對我們的制度充滿信心，對我們自己充滿信心，這些要求我們接受古老的社會契約所具有的嶄新含義。在這些評論中，我勾畫出了自己關於這些新概念的基本理解，並且相信你們將跟從你們的新一屆全國政府所採取的行動；理解新一屆政府的目標就是你們大家的目標，而我們的責任始終是相互的。

於海德公園

1933 年 3 月 1 日

PREFACE

第一章
再論價值觀問題

第一章　再論價值觀問題

　　政府問題一直以來就是個人是否要服務於某種政府和經濟體制，抑或某種政府和經濟體制之存在就是為了服務於個人。

　　多少代人以來，這個問題始終是政府問題討論的核心。在與這些事情有關的問題上，人們的觀點可能會有分歧，遠古以來，誠實可信的人們在這些問題上還將繼續存在不同觀點。

　　沒有人可以蓋棺論定，但我們依舊相信變革與進步的力量。梅雷迪斯·尼科爾森（Meredith Nicholson）所謂的民主制度就是一種求索，一種永無休止地尋求這些事物並為此努力打拚的過程。有很多條道路可以走。如果我們對此進行整理的話，就會發現這些事物只會朝著兩個基本方向發展。其一是向著為少數人利益服務的政府這個方向邁進，其二是向著為多數人利益服務的政府這個方向邁進。

　　歐洲各國政府的發展道路是要努力建設一個中央集權的國家，使其強大到足以達成統治階級的和平。在很多情形下，中央政府所取得的順利，一個強大的中央政府的設立對個人而言都是一個避風港。人們寧願接受遠方偉大的統治者的統治，也不願接受近在咫尺的較小統治者的剝削與壓迫。

　　但是國家政府的創立者們卻不可避免地是殘酷無情之人。他們採取的方法常常很殘忍，儘管他們不斷地努力爭取

達成社會需求和緊缺的事物 —— 一個強大的中央政府,能夠保持和平,根絕內戰,使那些桀驁不馴的貴族人士老實就範,並使大多數人可以安享生活。

那些殘酷無情之人在建設先進國家方面發揮過作用,就像他們在國家的建設進程中使得中央政府的權威得以確立時發揮的作用一樣。社會對其在社會發展中的作用給予了充分認可。但是,當歐洲各國完全達成發展之時,曾經發揮作用的雄心壯志與殘酷無情就會逐漸退出歷史舞臺。

目前存在著一種日益濃厚的感覺 —— 政府的運作時以所有人的利益為代價而為少數人的利益服務的。人們在尋求一種平衡 —— 一種限制性力量。逐漸地,出現了城鎮議會、行會、全國性議會,透過憲法、大眾的參與與控制來對獨裁權力予以限制。對統治者的權力進行限制的另一個因素是道德觀念的興起 —— 統治者有責任為其臣民謀福利。美洲殖民地就是在這種抗爭過程中誕生的。美國革命則是其轉捩點。美國革命之後,這種抗爭仍在繼續,並轉化為為國家的公共生活而進行抗爭。

有些人由於在美國獨立戰爭年代目睹了這種混亂局面,他們接受了這樣的想法 —— 人民政府肯定是危險的、不可行的。總體來說,這些思想家是誠實的;我們無法否認他們的實踐已經證明存在某種恐懼是正常的。

第一章　再論價值觀問題

漢密爾頓是持這種觀點的人當中最傑出、最誠實、最堅定的擁護者。他對漸進性方法完全失去了耐心。大體而言，他認為共和國的安全有賴於其政府的專制力量；個人的命運要服從於政府的命運；由一小部分出類拔萃的、有公益心的公民所主導的強大的中央機構能對所有政府實施最佳統治。

但是，在 1776 年夏天，傑佛遜在起草完獨立宣言之後就把精力轉移到同樣的問題中來，並提出了不同的觀點。他沒有使自己受到外在形式的蒙蔽。對他來說，政府只是達成目的的方法，而不是目的本身。政府或者是一個避難所，或者是一種危險、一種威脅，這有賴於不同的環境。我們發現，傑佛遜認真地分析過他要為之組建一個政府的社會。

「我們沒有窮人 —— 我國民眾是勤勞的，沒有勞動 —— 不論是體力的還是專業性的 —— 就不會有我們的財富，哪怕是少許的、微不足道的財富。勞工階級中的大多數人都擁有財產，可以公允他們自己的田地，擁有自己的家庭，他們的工作需求使得他們有能力從富人那裡分得一杯羹，而合理的勞動力價格也使得他們能夠豐衣足食，可以靠勞動養家糊口。」

它認為這這些人具有兩套權利 ——「個人權利」以及與獲取並擁有財產的權利。他的「個人權利」指的是自由思考的自由、形成和表達想法的自由，以及個人生活的自由，每個人都具有各自的權利。

為了保障第一套權利，政府必須理順其職能，以便不去干涉個人之事務。但即使傑佛遜也意識到，財產權利之行使必然對個人權利形成干涉，而沒有政府的協助財產權利則無以維繫；政府的介入必然是對個人主義的保護，而非破壞之。

　　我們對接下來發生的偉大的政治抗爭耳熟能詳。漢密爾頓和他的盟友們要建立一個專制的，中央集權的政府，但他們的嘗試在 1800 年總統大選中被傑佛遜的政黨徹底挫敗了。那次政治抗爭之後出現了兩大政黨，也就是我們今天所熟知的共和黨和民主黨。

　　這樣，在美國政治史上開啟了一個新的時代，一個個人與政治體制相抗衡的時代；在這個時代，個人主義成為美國生活中偉大的象徵。經濟環境處於最佳時期使得那個時代長盛不衰、波瀾壯闊。在西部邊疆地區，人們可以完全自由地獲得土地。任何一個想要承擔起維持生計的人都完全有機會做到這點。大蕭條能夠，也確實發生過，但這些次蕭條無法改變下面的基本事實：大部分人部分地依靠出賣其勞動力為生，部分地依靠土地維持生計；因此，飢餓和無家可歸的情形實際上是不可能出現的。最糟糕的情況就是，經常有可能爬進一輛帶篷子的四輪馬車向西部出發，在那裡，未開墾的大草原成為這些人的天堂；在東部，他們找不到這樣的地方。

　　我們的自然資源非常豐富，因此我們不但可以給我們自

己的人民，而且還可以為全世界所有窮困潦倒的人們提供這種救濟。我們能夠張開雙臂歡迎歐洲移民的到來。

每當出現大蕭條時，在西部就會有一塊新的土地向人們開放。這成為了我們的傳統。因此，哪怕我們暫時遇到不幸也是為實現我們的天定命運服務的。

但是，在 19 世紀中葉，出現了一股新興的力量，並造就了一個嶄新的夢想。這股力量就是所謂的工業革命，蒸汽機和機械設備的出現，以及現代工廠之雛形的興起。這個夢想是就是經濟機器的夢想，要提升所有人的生活水準；使最卑微的人也能夠享受奢侈；依靠蒸汽動力和後來的電力來消除距離；是所有人從單調乏味的、最繁重的體力工作中解脫出來。

人們期望這種力量和這個夢想必然會對政府產生影響。自那時候起，人們只是希望政府能夠創造一種人們可以在期間幸福地生活、和諧地工作、安全地休息的環境。現在，人們希望政府為達成這個新的夢想伸出援手。可是，前景並不光明。若想使這個夢想變成現實，需要人們有堅忍不拔的意志、豪情滿懷的遠大抱負，並發揮其聰明才智，因為除此之外，沒有什麼辦法可以解決金融、工程技術以及新興開發問題。

因此，機器時代的優勢是與生俱來的；但是，合眾國還是無所畏懼地、興高采烈地，我認為還是正確地、甜蜜地接

受了這種苦難。人們認為，為了能夠獲取完善的工業體制所帶來的優勢，付出再大的代價也是值得的。

19 世紀後半期的歷史在很大程度上是一部金融大發展的歷史，其所使用的金融工具缺乏認真監管，只要取得預期的效果就會受到褒獎，而不論其方法為何。譬如，將鐵路推進到太平洋的金融寡頭們通常殘酷無情、奢侈浪費、腐敗盛行，但是他們的確建造了鐵路，而且我們到今天還在使用這些鐵路。有人曾經估算，在這個過程中，美國投資家為美國鐵路體系付出了三倍以上的資金；但是儘管事實如此，合眾國還是最大贏家。

只要我們還擁有自由的土地，只要人口數量還會突飛猛進地增加，只要我們的工廠還無法滿足我們自己的需求，那麼社會就可以讓那些野心勃勃的人們暢快淋漓地發揮其才智，不受限制地獲得回報，我們唯一需要的就是，他可以創造出人們所期望的經濟繁榮。

在大發展時期，所有人都是機會均等的，政府的事情不是去干涉，而是去扶持工業的發展。應商人們自己的要求才這麼做的。徵繳關稅最初的目的是「使我們的處於襁褓中的工業發展壯大」。就在不久前，我的讀者當中一些上了年紀的人還記得這是個政治問題。

鐵路有時候是贈與金錢的形式，但更多的時候是以贈與

第一章　再論價值觀問題

土地的形式得到了資助。合眾國某些最有價值的油田被饋贈，以扶持一直延伸到西南部的鐵路建設融資問題。一支新興的商業船隊得到金錢援助或郵政補貼，以便使我們的蒸汽船可以在七大海域遨遊……

我們不需要政府從事商業活動。但是我們必須認知到歷史的經驗所在。因為，雖然政府不得投身商業活動與私人企業進行競爭一直是美國的信條，但是，商業熱切地要求政府對私人企業提供各種形式的政府援助卻是美國的傳統。

他不想看到政府干涉商業活動 —— 他就是這個想法，而且有很多合情合理的理由這樣去說 —— 說同樣的話的人卻是第一個跑到華盛頓要求政府對其產品徵收抑制性關稅的人。當事情變得非常糟糕時 —— 就像在 1930 年時那樣 —— 他會以同樣快捷的速度跑到合眾國政府要求貸款。復興金融公司（Reconstruction Finance Corporation）就是此舉的產物。

每一個集團為了自己的特殊利益需求政府的保護，它們並沒有意識到，政府的職能不應當是以犧牲其保護所有公民的個人自由與私有財產權這項責任為代價來放棄對弱小集團的支持。

反思歷史，我們現在會發覺，跌宕起伏的大轉折的時期出現於世紀之交。那時，我們到達了我們最後的邊疆，再也沒有自由的土地了，我們的工業兼併變得非常強大，已經無

法控制，並且在國家中形成了一個缺乏責任感的權力集團。

明察秋毫的人們恐懼地發現了機會將不再均等的危險；日益發展的公司就好像古代的封建貴族一樣將會威脅到個人謀生的經濟自由。就是在那個時期，我們的反托拉斯法誕生了。

反對大公司的呼聲此起彼伏。西奧多‧羅斯福，首位偉大的共和黨進步派人士在「討伐托拉斯」問題上掀起了一場總統運動，可以自由地探討擁有巨額財富的壞人。如果政府具有一項政策的話，它寧願讓時間倒流，以便去摧毀那些規模龐大的托拉斯公司，回歸到每個人都擁有自己的小企業的年代去。這是不可能的。西奧多‧羅斯福放棄了自己的「討伐托拉斯」的想法，並被迫勾勒出「優秀」托拉斯與「糟糕」托拉斯之間的區別。最高法院提出了著名的「理性法則」，據此，如果其用以獲取權力的方法和運用此種權力的方式是理性的，那麼，工業權力的集中似乎意味著就是可以接受的。

1912 年當選美國總統的伍德羅‧威爾遜（Woodrow Wilson）對形勢的觀察更加清晰。傑佛遜曾經擔心政治權力對個人生活的侵害之處，威爾遜知道新興的權力是金融權。他看到，在高度集中的經濟體制內，大眾賴以維繫其安全和生計的 20 世紀的專制暴君，其缺乏責任感與貪婪的本性 —— 如果得不到控制的話 —— 將會使他們食不果腹、貧苦不堪。

第一章　再論價值觀問題

雖說金融權力在 1912 年的集中情形遠不如今天嚴重，但是，這種情形已經發展到很嚴重的程度，以至於威爾遜完全認知到其影響。現在來讀一讀他的講話很有意思。今天所謂「激進」的講話（我有理由知道我講話的出處）與威爾遜總統的講話相比是小巫見大巫。

他說，「沒有誰可以否認，努力打拚的界線已經變得越來越狹窄而尖銳；任何人如果對我們國家工業發展的狀況一無所知，那麼你就不會注意到，如果你沒有和那些已然控制了我國工業的人們攜手並肩，同仇敵愾地獲取更大額的貸款，那麼獲取此種貸款正變得越來越困難。所有人都能夠注意到，任何人試圖在與大型資本聯合體的控制下從事的任何生產過程進行競爭，以建立自己的一番事業時，都會情不自禁地發現，他們或者被排擠出局，或者被迫出賣勞動力，並令自己沉溺下去。」

如果不發生第一次世界大戰，如果威爾遜總統能夠花 8 年時間投身於國內事務而不是國際事務，那麼我們現在面臨的形勢可能截然不同。但是，遙遠的歐洲的槍炮聲轟鳴作響，戰事愈演愈烈，這迫使威爾遜總統放棄了對這個問題的研究。他非常清晰地洞察到的問題成為遺留給我們的一份遺產，我們任何黨派的任何人都不可否認，這是政府高度關注的問題。

對當前的形勢瞥一眼就能夠清晰地看到，我們曾經知道的機會均等已經不復存在了。我們的工廠得以建立。這幾乎是不言而喻的。但是，讓我們來看看我們的近代史以及簡單經濟學，也就是你、我以及普通男女都在談論的那種經濟學。

我們知道，1929 年前的歲月裡，我們國家已經完成了一輪大規模的建設和通貨膨脹週期；在 10 年時間裡，我們在醫治戰爭創傷的理論指導下進行擴張，但實際上擴張的範圍遠超於此，並且我們自然的和正常的發展規模。在此期間，冷冰冰的經濟資料證明，消費者支付的價格降低的幅度微不足道，或者沒有降低，儘管同樣的資料證明，生產成本大幅下降了；從這個時期獲取的公司利潤也是豐厚的；同時，幾乎沒有利潤用於降低價格。消費者被遺忘了。幾乎沒有錢用於增加薪資；工人們被遺忘了；不管怎麼說，還是有足夠的比例被用來支付利息 —— 股東也被遺忘了。

附帶提一下，那個時期的慈善的政府也幾乎沒有徵繳到任何稅收。

結果怎樣呢？大量的過剩資金堆積如山 —— 這是有史以來最觸目驚心的場景。這些過剩資金主要流向兩個方向，一是流向新興的、不必要的工廠，現在這些工廠僵直地聳立在那裡，被閒置起來；二是直接由公司或者間接地透過銀行將它們送入到華爾街的金融市場。

第一章　再論價值觀問題

　　之後就出現了崩盤。投資於不必要工廠的過剩資金被閒置。人們失去了工作；購買力乾涸了；銀行變得惶惶不可終日，並開始追討貸款。那些有錢人唯恐與其脫離關係而不及。信用喪失了。工業停頓了。商業下滑了，失業率上升了。

　　運用你們自己掌握的知識將此種形勢轉換為人類可以理解的概念。看一看過去 3 年所發生的事情是如何讓特定的族群感受到其影響的。首先是依賴工業的族群，其次是依賴農業的族群，再次是主要由上述兩個族群的成員組成的族群 —— 「小投資者和儲戶。」記住，前兩個族群，即工業族群和農業族群間可能存在的最強大的連繫紐帶是這樣一個事實：存款以及在某種程度上兩者擁有的債券都與第三族群連繫在一起 —— 這就是國家的信貸結構。我們知道這個信貸結構發生了什麼事情。

　　但是，我們回過頭來再次審視一下今天擺在我們面前的事實 —— 我們曾經知道的機會均等不復存在了。再來談談下一個明顯悲劇性的經濟問題 —— 機會在哪裡？我們必須知道那個迄今為止一直是我們的救世主的歷史概念。

　　我們早已抵達了我們最後的邊疆；事實上，再也沒有自由土地了。我們的人口中超過一半的人既不生活在農場，也不生活在田地裡，他們無法靠經營自己的財產維持生計，那

些被經濟機器剝奪了工作機會的人們藉以重新開始新生活的、以西部大草原形式存在的安全閥不復存在了。我們不能再去邀請歐洲移民來分享我們的無限繁榮。現在，我們正讓我們自己的人民過著一種單調乏味的生活。

我們的不斷發展的關稅制度最終迫使我們透過對這些國家徵收報復性關稅，在北部關閉了我們的加拿大邊疆，在東部關閉了我們的歐洲市場，在南部關閉了我們眾多的拉美市場，在西部關閉了我們的大部分太平洋市場。這已經迫使我們眾多大型工業機構在關稅壁壘之內到這些國家建立工廠。這些工業機構過去曾把其過剩的產品出口到這些國家。這已經使得他們在美國的工廠產能下降，就業機會減少。

威爾遜時代以來，商業領域的機會進一步減少了，就好像再也無法自由地建立農場一樣。誠然，人們仍舊能夠依靠天生的精明和能力開辦小企業，以跟上競爭者的步伐；但是，大公司將各個領域一個接一個地統統預先予以占領，而且，即使在那些沒有引起重大關注的領域，小人物開辦企業也是舉步維艱。過去 30 年無情的統計資料表明，獨立商人正在進行一場早已輸掉的賽跑。或許他被逼到牆角；或許他無法申請貸款；或許用威爾遜的話說，就好像街角的水果店老闆告訴你的那樣，他是被高度組織化的共同競爭者強迫「出局」的。

第一章　再論價值觀問題

最近，有人對美國商業集中問題進行了認真研究。該項研究表明，我們的經濟生活被大約 600 餘個公司掌控著，這些公司控制著美國工業三分之二的比例。1,000 萬小商人則分享剩餘的三分之一。

更加令人震驚的是，該項研究表明，如果這種集中化進程依照同樣的速度繼續發展下去，那麼到 21 世紀末，整個美國工業將控制在 12 家公司手裡，可能僅有 100 人在管理著這些公司。簡單地說，就算我們現在還沒有成為經濟寡頭統治的國家，我們也正在穩定地朝著這個方向邁進了。

顯然，所有這一切都要求我們對價值觀問題進行重新評價。更多工廠的唯一建設者、更多鐵路體系的某個創立者、更多公司的每個組織者，這些人很可能既是救星也是威脅。只要這些偉大的工業先行者或金融寡頭肯於投資建廠或進行開發，我們就奉送所有的東西，這樣的時代結束了。

我們現在的任務不是勘探或者開發自然資源，或者一定要生產更多的產品。頭腦更加冷靜、作風更加穩健的商業企業應當控制住自然資源和已然在握的工廠；謀求重建我們的過剩產能的海外市場；應對消費能力低下問題，或者是產量與消費量相適應；更加公平地分配財富與產品；使目前的經濟組織為人民謀利益。

就好像在古代一樣，中央政府首先是一個避難所，其次

才是一種威脅；現在，在一個經濟連繫更加密切的體制內，這些主要的、野心勃勃的金融集團不再是服務於國家意願的奴僕，而是一個威脅。我想做進一步的對比。因為在 18 世紀時，全國性政府就變成了一個威脅，但是，我認為我們不應因此就擯棄全國性政府的原則。

同樣，我們今天也不能因為這些稱為公司的強大經濟體的權力容易遭到濫用就擯棄公司的原則。在其他時期，我們透過循序漸進地將過於雄心勃勃的中央政府轉變為一個憲政民主制政府來處理這個問題。因此，當前我們正改變並控制著我們的經濟體。

如同我所看到的那樣，政府在處理其與商業的關係時所擔負的任務是協助發展一項經濟權利宣言，一種經濟憲政秩序。這是商人和政治家們的共同職責。這是一個社會擁有更加持久，更加安定的秩序的最低要求。令人感到欣慰的是，這個時代表明，創建這樣一種秩序不僅是政府的合理政策，而且也是保障我們的經濟結構唯一安全線。

我們現在知道，如果沒有始終如一的繁榮，也就是說，如果購買力無法在我國所有集團間進行恰當的分配，這些經濟體就無法生存。這就是為什麼哪怕是那些最自私自利的公司為了它們自己的利益也願意看到薪資水準得以恢復、失業人士獲得救助、使農民回歸到自己習慣的繁榮水準、並確

第一章　再論價值觀問題

保工人和農民這兩個族群持久安定的情形出現的原因所在。這就是為什麼某些明智的工業部門為了所有人的共同利益，費盡周折地在其工業部門內限制每一個人和每一個商業團體的行動自由的原因所在。這就是為什麼各地的商人們正要求建立某種形式的使事務平衡發展的組織，即使從某種程度上講，該組織可能會在商業氛圍之內限制個人的行動自由的原因所在。

我認為，每一個實實在在地進行經濟抗爭的人 —— 這意味著所有人都不是生來就擁有財富的 —— 透過自身的實踐和自己的生活都懂得，我們現在不得不將美國政府的早期觀念應用於當前的環境。獨立宣言從簽約的角度探討了政府問題。政府是一種公平交換的關係 —— 如果我們循著其發展思想的軌跡考察的話，政府必然是一種契約。根據這種契約，統治者被賦予權力，而人民則本著他們應當被賜予某些權利的想法認可了該項權力。政治家們的任務一直以來就是根據不斷變化和發展著的社會秩序對這些權利進行重新定義。新的形勢對政府以及管理政府的人們提出新的要求。

契約這個詞和共和制一樣古老，同時它又與新的經濟秩序一樣鮮活。每個人都有生存的權利，這意味著他也有權過著舒服的生活。由於懶惰或犯罪，他可能會拒絕行使該權利，但千萬不要否認他擁有這樣的權利。我們的政府正式和

非正式地從政治和經濟方面肩負著讓每個人都能夠透過自己的勞動過著豐衣足食的生活的責任。每個人都有權擁有自己的財產，這意味著他有權最大限度地使其收入所得獲得安全保障。在人生的其他階段，如童年時期、患病期間、老年時期，從事物發展的本質上講，這些階段的人們沒有勞動能力，而人們無論如何也要承擔起這種負擔來。在所有關於財產的想法中，這種權利是至高無上的；所有其他財產權必須服從於它。與這項原則相一致，如果我們一定要對投機者、操控經濟者乃至金融家們的活動進行限制，我認為我們就必須承認，這種限制是不可或缺的，這不是要打擊而是要保護個人主義。

這項崇高契約的最後一條是自由權和追求幸福的自由。在上個世紀，對這兩種自由我們已經了解很多了。我們知道，如果個人的自由與幸福無法從和衷共濟、唇亡齒寒的角度來加以保障的話，那麼這兩項自由就毫無意義。我們知道，古老的「私人能力權」——閱讀的權利、思考的權利、表達意見的權利以及選擇生活方式的權利——必須全面地加以尊重。我們知道，肆意妄為的自由權剝奪了其他人的基本權利，這種自由權是不受任何契約保護的；從這個意義上來說，政府就是要保障所有人達成正義的平衡性。

就像我們履行傑佛遜於 1776 年為我們想像到，傑佛遜、

第一章　再論價值觀問題

西奧多·羅斯福和威爾遜謀求予以實現的、明顯烏托邦式的職責那樣，我們將履行當前政府的職責。我們必須這樣做，以防因我們的集體失敗而導致大蕭條的出現，將我們都吞噬進去。

第二章
經濟規劃的必要性

第二章　經濟規劃的必要性

我們的社會秩序發生變革的證據比比皆是，某些變革的後果非常慘重，並且已經確定無疑地表明必須對我們的未來進行全面規劃，因此，毋庸置疑的是，所有被賦予政府職責、肩負著規範和鼓勵人民事務職責的人都應採取愛國的和自我犧牲的態度去做事情。

統計資料、曲線圖和圖表報告可以對我們當前每一個工業部門和行業的形勢做出解釋。我們對未來的希望也可以用同樣的方式表達出來。儘管這些方法是必要的，但是，在這個討論中，我還是選擇從更加人性化，也必然更加精確視角來闡述我們在規劃方面的問題。

或許，這種觀點與那些抱負、健康狀況和年齡都處於巔峰狀態的人們一樣特別關注於幸福問題的男女們看來格外刻薄。我指的是那些剛剛完成其擔負的研究任務，並準備去證明這種最精益求精的教育體制的價值的人們，而沒有忘記品格的培養。

在談到他們時，我認為，我最恰當地表達出來這種朝氣蓬勃的態度；我們所有這些關注全國規劃問題的人如果想使我們的計畫對我們自己以及我們的下一代發揮任何作用，就必須保持這樣的態度。

4 年前，如果他們曾經聽說過並且相信這個時代所傳達的資訊，他們就會希望在物資充裕的社會上占有一席之地，

並期盼著在不遠的將來，他們能夠擁有自己的房子，一座可容納 2 輛轎車的車庫（如果他們信任政客），不費吹灰之力就可以使他們自己及其家人過著豐衣足食的日子，而且還有可能靠他們的存款和證券確保未來生活無憂無慮。

的確，如果他們留心的話就會看到，他們的許多長輩早就發現了一條通往物質成功的更加便捷的道路。他們發覺，一旦自己累積了一些錢，就需要將這些錢存放到合適的地方，然後坐下來，舒舒服服地讀著被稱為股市行情的神祕符號，這些符號聲稱，他們自己無需做任何事情就可以使自己的財富奇蹟般地增加。許多被稱為並且仍然喜歡自詡為金融領袖的人歡欣鼓舞，並確保我們將來一直可以照這樣的舒適方式生活下去。我們當中某些身居高位的政府官員的言論、影響力以及他們所控制的關鍵政府部門所提供的物質援助都對這種令人眼花撩亂的奇思妄想發揮推波助瀾的作用。

今天，我們看到，我們周圍的圖景是多麼令人悲傷地不同。在海市蜃樓般的幻想破滅前，我們就不應當抱怨，因為我們都會富裕起來。但是，隨著這種幻想的破滅，不但那些唾手可得的投機收益，以及那些勤勞樸實的男女們累積儲蓄，和用於上了年紀和子女教育的積蓄都灰飛煙滅了。隨著這些積蓄的喪失，我們的同胞中有數百萬人，他們曾經無可厚非地認為有權在一塊自然資源豐富的土地上享有的那份安

全感消失了；隨之消失的，還有將這些自然資源轉化為全體人民的生活必需品的生產設備。而更加不幸的是，隨著對未來安全期望的喪失，人們對目前衣食起居的安全感也不見了。

我們國家的大部分年輕人雖然有資格並且準備好去投入職場，但是他們或者無法獲得就業機會，或者過分關注他們在那個工作職務的未來——在這裡，他們是否非常幸運地找到任何收入豐厚的職務。

當然，他們是充滿希望的。人們對青年的希望已經多有描繪，但我還是想強調一下另外一種素養。我希望許多人受到培訓以不屈不撓地去追求真理，並樂觀向上地看待他們。我希望他們能夠以一種比他們的許多前輩更加清醒的眼光來面對他們所在的這個世界所處的不幸狀況。

就像他們對這個即將成為其更加活躍的一部分世界所持的看法那樣，世界的混亂與缺乏規畫的情形無疑給他們留下了深刻印象。對真實價值缺乏判斷，沒有遠見幾乎是所有工業部門、所有行業、各個階層的通病。譬如，高等教育業自身就是如此。

如果他們一直想進入教育行業，他們就會發現，我國的大學、學院以及普通院校每年培養出來的更加訓練有素的教師數量要多於我們國家的學校有可能利用或吸收的數量。我

國教師的數目是一個相對穩定的數字，幾乎不受大蕭條的影響，並且依據對我國人口的增加情況的適當把握可以預先準確地估算出來。可是，我們還在增加教育學科，將每一個學習教育科學的男女都接納進來，卻沒有想到或顧及到供需關係法則。例如，僅在紐約州就至少有 7,000 名教師沒有工作 —— 無法在其選擇的職業維持生計，因為沒有誰可以在他們還年紀輕輕時就頭腦清醒或先知先覺地告訴他們，教師職業嚴重供過於求。

再來看看法律行業。我們的常識告訴我們，我們的律師太多了，他們當中有數千人雖然完全訓練有素，也只是辛辛苦苦地虛擲光陰，或者被迫從事體力勞動，或者轉向其他行業以便防止他們自己變成施捨的對象。大學、律師事務所和法院自身幾乎不會將這種情形告訴那些正考慮進入任何一個法學院學習的年輕人的。完全缺乏遠見和規畫再次彰顯無遺。

我們無法用同樣的方式仔細考察我們的工業發展史而不為其無計畫性所震驚。工業化的完成伴隨著巨大的浪費 —— 生產設施大規模重複建設，依然有用的設備則不斷被廢棄，在工業和商業運作過程中存在很高的致死率，企業被引誘到數千條沒有出路的軌道上來，並造成了自然資源的極度浪費。

第二章　經濟規劃的必要性

　　在崇尚個人能力的社會，許多浪費都是進步的不可避免的副產品。同時，這種浪費對構成這個社會的人們不斷變化著的趣味和習慣來講也是可以接受的。但是我認為，其中的大部分浪費本來都能夠依靠更遠大的眼光和更大範圍的社會規畫加以防止的。

　　近年來所發展出的這種控制與引導力量很危險地掌握在我們的經濟秩序中有著重大利益的那些集團手裡；這些利益是與國家的整體利益背道而馳的。我認為，我國近代歷史發展進程已經表明，雖然我們可以利用這批人在某些問題上的專業知識，利用他們所熟悉的特殊設備，但是我們不能允許我們的經濟生活掌控在這樣一小部分人手中，這些人關於社會事務的主要觀念是受下面的事實影響的 —— 他們能夠從資金拆借和債券投放的活動中獲得巨額利潤。我們可以將這種觀念貼上「自私自利」和「機會主義者」這樣的標籤。

　　在我們今天的經濟形勢存在一種悲劇性的諷刺。並不是任何自然災害，比如旱災、水災或地震，或是由於我們的生產機器遭到破壞，抑或我們的人為力量將我們帶到當前的形勢中來的。我們擁有極其豐富的原料，擁有將這些原料製造成我們所需要的產品的各種設備，以及將這些產品輸送到所有需要它們的人們那裡去的交通運輸和商業設施。我們的大部分機械設備處於閒置狀態，而數百萬急需這些設備的肢

體健全、富有才智的男女們卻在為獲得工作機會而吵鬧不休。我們駕馭這些為我們自己所創造的經濟機器的能力受到挑戰。

關於如何再次使這臺經濟機器開始運轉這個問題，人們為我們提供了各種各樣的想法。有些人堅持這樣的理論：經濟機器運轉時的階段性減速是該機器與生俱來的特質之一，對此我們必須逆來順受。這是因為，如果我們試圖抵抗之，那必將造成更大的麻煩。在我看來，根據這種理論，如果我們逆來順受足夠長時間，那麼，經濟機器最終就會加速運轉，並經過無數年後將再次達成最大限度的革命性增加——就是我們慣常所誤稱的繁榮。但是，這實際上只是這臺經濟機器再次受到那種神祕驅動力的驅使，重新放慢速度前的迴光返照而已。

對於我們的經濟機器所持這種態度不但要求有更強的韌性，而且要對永恆不變的經濟法則抱有更大的信心，並且相信我對人類控制其所創造的事物的能力更有信心。不論這種態度有多少正確的因素，它都是一種不作為的態度。我認為，我們所有人都在受其傷害，因為這種怡然自得的理論已經完全根植於我們的某些金融領袖和公共事務領導人的心裡。

其他經濟學者將我們當前遇到的困難追溯到第一次世界大戰所造成的損害，以及這場戰爭所未解決的政治、經濟和

金融方面的遺留問題等方面。還有其他的學者將我們的困難歸因於世界貨幣體系存在的弊端。

不論這是始作俑者，還是一個使問題惡化的原因，抑或是一個後果，但從其能夠購買的商品數量角度看，我們的貨幣單位價值的重大變化都是一個我們必須直接面對的問題。不言自明，我們必須要做的是，要不是使商品價格回復到一種大體與幾年前的美元價值相近的水準上，就是透過拒不履行契約或別有用心地設定更高的價格來使這種破壞性的減產過程繼續下去。

或許是因為這個問題的緊迫性與複雜性，我們的一些經濟思想家已經開始致力於將其他具有同等重要性的因素排除在外。

當然，從長遠角度看，這種對我來說似乎是十分重要的其他因素，即是透過廣泛的規畫進行控制，以便將我們的強大經濟機器所能生產的那些產品分發出去的問題。

我並非想要削減資本的使用，也不想限制新興企業的發展。但是，認真思考一下過去 10 年來投放到那些不正當企業 —— 包括不必要的開發專案以及許多產品的增量遠遠超過我國的吸收能力 —— 的數目龐大的資金或者貸款問題吧。這與缺乏通盤考慮，培養出過多的學校教師和律師的情形如出一轍。

在工商業領域，許多人的主要關注點只局限於他們所稱之為資本的事務，這些人沒有汲取過去幾年來的教訓，而關於國家總體需求的冷靜分析不及要在經濟秩序內保持其特殊利益的盲目決策的影響那麼強大。

我不想暗示我們已經走到了擴張時代的盡頭。我們將繼續需要資金用於生產新發明的器械以替代因為我們取得的老化的，或因我們取得的技術進步而遭淘汰的設備。我們得做大量工作以使我們過著我們的天性所許可的體面、健康、幸福的生活。在我國許多城市，我們需要改善住宅條件。我國的許多地方還需要修建更多更好的道路。我們迫切需要開鑿運河、修建公園以及其他改善環境的措施。

但是，在我看來，我們的有形經濟工廠未來將不會以與過去相同的速度進行擴張。我們可以建造更多的工廠，但是，事實依然是，我們有足夠的產品供應我們全部的國內需求；如果能消費的話，我們還可以增加供應量。現在，我們可以靠這些工廠生產更多的鞋子、更多的紡織品、更多的鋼材、更多的收音機、更多的汽車，以及更多的、他們所能使用的幾乎所有產品。

我們的基本困難並非資金不足，而是購買力分配不足，以及在生產領域存在的過量生產的投機行為。雖然我們的許多工業部門提升了薪資水準，但總體而言，其增加幅度還是

不及資金的報酬率。同時，我國人口中其他族群的購買力卻出現下滑。我們累積了極度豐厚的資金，以至於我們的大銀行家們正互相展開競爭，有些人則採取不正當方法努力將這種資金出借給國內外人士。

我認為，我們正處於經濟思想發生根本變化的開端。我相信，將來我們將較少地為生產者著想，而會更多地考慮到消費者的利益。我們將竭盡所能使我們的病入膏肓的經濟秩序注入活力；我們無法使我們的經濟秩序長久地維持下去，除非我們能夠使全國的收入達成更加明智，更加公平地分配。

保障所有樂於和能夠工作的人至少可以從中獲得生活必需品完全在人類的創造能力範圍內。人類已經建立了偉大的、足以滿足所有人需要的社會和經濟機器。在這樣的體制內，平均來說，每天工作的報酬就得高於過去的水準，而資本的收益，特別是投機性資本的收益就得低一些。

但是，我認為，經過過去 30 年的實踐之後，普通公民寧願從其積蓄中獲得較少的報酬，以此來換取更大的安全性，也不願有這樣的經歷：此刻還為自己成為百萬富翁而激動不已，而緊接著就發現他的有形或無形的財富在他的手中灰飛煙滅，因為這臺經濟機器再次停止了運轉。

如果我們想要從近來的實踐中汲取教訓，那麼，為了穩定我們恰恰應採取行動。大多數人都認為，目標是令人滿意

的。可是，許多脆弱不堪的人由於害怕變革，只好在洪水肆虐時牢牢地做在房頂上，他們固執地反對一蹴而就地達成這個目標，因為他們害怕失敗。即使在那些願意一試身手的人當中，關於達成目標的途徑還是存在著重大分歧。我們所面臨的、紛繁複雜地分布於我國廣闊地域的問題是，男男女女們有共同目標，但在達成方法方面難以取得一致意見。這種分歧的存在導致了不作為，隨波逐流。而統一的意見或許來得太遲了。

我們不要把目標與方法相混淆。我們國家許多所謂的領導人只是一葉障目，不見森林。他們當中的許多人沒有認知到就具體目標進行規劃的必要性。真正的領袖需要提出目標，並使大眾團結起來支援這些目標。

當國家切實團結起來，對文明的廣泛目標進行規劃的工作予以支持時，真正的領袖就必須統一那些具體方法背後的想法。

國家需要 —— 而且，如果我沒有誤解其品性的話 —— 要求進行大刀闊斧而持續不斷的試驗活動。找到一種方法，試一試，這是常有的事情。如果這種方法失敗了，就坦然承認，然後再試一試另外的方法。但是，首先要嘗試某種方法。當滿足其需求的事物觸手可及時，這數百萬貧困潦倒的人絕不會永遠靜靜地袖手旁觀的。

第二章　經濟規劃的必要性

　　文明需要熱情、想像力、面對現實的能力；哪怕這種現實讓人感到不快，也要勇敢地面對。如果必要，我們需要採取激進方式糾正我們的經濟體制中的錯誤。我們現在正深受其害。我們需要青年的勇氣。

第三章
紐約州土地使用規畫

第三章　紐約州土地使用規畫

　　我想以一項經濟計畫為例。該計畫已經付諸實施，且目前仍處於試驗階段。該計畫不但無損於任何公民階層或利益集團，而且明確顯示其自身對我國民眾具有越來越高的價值。該計畫所涉人口達 1,300 萬，而且我覺得將來還會有數百萬人被涉及。我指的就是紐約州的工農業用地使用規畫。我自信地認為該計畫將會對整個美國產生實際效用。

　　問題源自城市與農村生活之間的適當平衡被打破了。涵蓋該問題各個方面的一個詞彙是「土地使用與國家規畫。」

　　土地使用所涉及的不僅僅是確定每英畝土地可以用於什麼用途，或者最好能種植何種作物的問題。這只是第一步；但是，一旦做出了那樣的決定後，我們立即就得面對一個更重大的問題 —— 使男人、婦女和兒童，換句話說，使我們的人口去尊奉並實施該項決策。

　　透過土地必須，或者應當被用於某個具體目的這樣的決議案是不夠的。政府自身必須在被統治者允許的情況下採取措施監督規劃，使之變成現實。

　　誠然，這關係到諸如農產品的供應而不是過量供應等重要因素；這關係到農業生活從社會和經濟方面來說都要比現在具有吸引力的問題；這關係到對我國人口進行新的分類的可能性問題。

　　我們從一個世紀前的資料得知，我國人口的 75% 居住在

農村，25% 居住在城市裡。今天，這個數字完全倒了過來。一代人以前，人們對回到農村去發展活動召開了熱烈討論。我的想法是，這個口號過時了。從此以後，我們只討論兩種生活方式，而且也只有兩種 —— 城市與農村。我認為，將來我們會期望見到三種而不是兩種生活方式，因為城市與農村之間明確存在著一種中間層，我們可以稱之為農村 - 工業階層。

透過簡要回顧過去 3 年間在紐約州已經開始做的，就如何更好地利用我們的農業、工業和人力資源進行規劃的情況，我能夠很清楚地說明制定計畫初始階段的問題。

紐約州已經明確將規劃問題當作一項政府責任。州政府意識到農村和城市生活之間存在的不協調關係已經發展到令人震驚的程度後，對該州的農業形勢展開了研究，其直接目的是使該州農業從不可能、不公平的經濟環境中解脫出來，而更廣泛的最終目標是為發展持久農業制定出一項經過深思熟慮的科學計畫。

幾種法律的實施解決了眼前的問題。這些法律使得農民從沉重的稅務負擔中釋放出來，並每年給予農業大約 2,400 萬美元的淨補貼。

首先，紐約州為農村教育，特別是對那些居住得非常偏遠的地區的教育籌集了額外援助。在這些地方，由一間房子

構成的學校俯拾皆是。州的援助使得較小的農村學校可以享受到較大學校已經消失到的優惠待遇。

第二，透過以英里數而不是土地評估值的為基礎，達成了對維護鄉鎮未鋪路面的沙土路的進行援助的公平與均等化。

第三，透過徵收汽油稅，使得發展農村到市場公路體系的各郡得到了額外的援助。

第四，紐約州著手制定了一項明確的，旨在確保農業社區獲得廉價電力的計畫。其設想是將聖羅倫斯河用作該計畫的一部分，根據新的法律，所開發的電力主要服務於農民、家庭使用者以及小工業者或小店主，而非大型工廠。

這就是解決當前需要的計畫。

在所有這些工作中，有一項工作值得一提：不論是近期計畫還是長遠規畫全部都是在無黨派差別的方式下制定出來的。它吸收了州議會和立法委員會的研究成果。大部分計畫是由州長於農業諮詢委員會來完成的。該委員會由大型農業機構，比如格蘭其（Grange，該組織成立於 1867 年，是美國全國性的保護田莊農民利益的祕密組織，其正式名稱為「農民協進會」── 譯者注）、農場與住宅管理局、農業大師俱樂部（Master Farmers）、酪農場主聯盟、the G.F.L. 的代表，以及州議會議員、州立學院、州政府各個部門的代表組成。

它得到了「市長會議」，以及願意為紐約州和美國的未來出謀劃策的商人們的熱情支持與配合。

這項未來計畫的制定是以下面的常識為基礎的：它必須是每一項有待審議的經濟計畫的核心內容。無法對細節的東西熟視無睹，因為所有這些細節都將融入到最終計畫的藍圖中。

我們知道，在紐約州 3,000 萬英畝的土地中，有 300 萬英畝為城市、鄉村和居住區，500 萬英畝為山脈和森林，順便說一下，在這 500 萬英畝當中，紐約州自己在大卡茲奇山脈和阿第倫達克山脈保護區據有約 200 萬英畝，400 萬英畝過去曾經是農業區，但現在已經廢棄了，剩下的總數為 1,800 萬英畝土地用於農業生產，劃分為 16 萬個農場。

第一個步驟是在全州範圍內召開一項調查。這包括對土壤表層和地下的所有自然資源，以及社會和經濟情況進行研究。該項研究分為六個重要方面。土壤分析。考察氣候情況 —— 霜凍之間的生長期有多長，每年的降雨量是多少。土地當前使用情況的調查 —— 森林、沼澤是否改造成了牧場、草場還是每年種植作物，都種植了哪些作物。在這塊土地上謀生的人們也受到調查 —— 擁有者是誰，如何使用其土地的，也就是說，是靠土地維持生計，還是僅將其所占有土地當作住宅用地，而去農場外的城市和其他工作謀生。對那些

第三章　紐約州土地使用規畫

靠這塊土地謀生的人進行了更加具體的調查 —— 他們是否是一直生活在那裡的老一輩人，還是最近才來的新人；是美國人還是外國人；年輕人是一直生活在此還是要離開；農場的經營是否是農民的生活與美國生活標準相一致。最後，對每個農場對全國食品供應情況也進行了計算。

詳細地進行這項調查似乎十分令人滿意，以至於每十平方英畝都有單獨的資料統計資料。有一個郡已經進行過這樣的調查，我們希望在未來 10 年或更短時間內將該調查覆蓋全部 1,800 萬英畝地域。

進行這樣的調查是根據這樣的設想：出色的經濟學需要使用出色的資料。例如，50 年前，紐約州每年要開採數千噸鐵礦石，並將這些礦石冶煉成鐵鋼材。在明尼蘇達州和我國其他地區的大型礦山發現和開採的更高品位的鐵礦石使得紐約州的鐵礦被迫關閉。原料無法滿足經濟標準的需求。按著同樣的方式設想，如果首先將這些土地清理出來發展農業將是有利可圖的；可是，今天，我國和世界其他地方的優質土地的激烈競爭已經使利用那些不再出產優質作物的土地的做法不再實惠。

因此，我們建議將全紐約州所有能夠生產作物的地方統統找出來。

我們所進行的調查的結果使我們相信，目前紐約州用於

生產的農場用地當中的一部分應當被廢棄以服務於農業目標。這個比例有可能高達 20% 到 25%。

我們面臨著這樣一種形勢：農民希望在不可能維持美國生活標準的情況下從事農業活動。他們正緩慢地以其身心健康和所有積蓄為代價來與一幢不可能逾越的壁壘相抗衡，他們生產出了足夠多的農產品，加重了全國生產過剩的狀況；不僅如此，由於他們生產的產品品質太差，以至於損害了紐約州更高等級農產品 —— 這些產品依照現代經濟模式進行生產、包裝和運輸 —— 的聲譽和價值。

如果這種情形在紐約州是實際存在的，那麼我相信，在密西西比河以東各州，以及密西西比河以西至少有幾個州實際存在著相同的情形。

那麼，我們如何處置這些各州普遍存在的、應當停止農業生產的貧瘠土地呢？我們在此制定了明確的計畫。首先，我們在尋找對它們加以最佳利用的途徑。目前，可以將這種土地的絕大部分用於種植不同類型的作物 —— 這種作物多年後才能收穫，同時毫無疑問地，隨著時間的推移，它不但有利可圖且在經濟方面又是必不可少的作物 —— 植樹造林。

我們依據新的法律正在著手進行此事。新法律規定，這些土地的購買和在綠化必須以某種方式獲得州的批准，各郡和州各負擔一部分費用。而且，有一項憲法修正案遭到紐約

第三章　紐約州土地使用規畫

州人民的否決，該修正案規定 11 年內撥款 2,000 萬美元用於支付可能購買並再綠化 100 多萬英畝土地的費用，這些土地更適合進行植樹造林而不是從事農業生產。

我們也注意到了這樣一個非常明確的事實：從長遠角度講，將這種不適合農業生產的土地用於進行植樹造林將收回成本（即我們將得到數倍於那 2,000 萬美元的收益），而且將在最初就開始以儲蓄金的形式進行分紅，防止浪費。

比如，農場廢棄後，通往這些農場的數千英里未鋪設路面的農村砂土路就不必要進行維護了，而每英里砂土路每年的維護保養費用平均為 100 美元。這些農場退耕還林將不再需要直達這些非經濟區域的綿延數千英里的電燈和電話線。這些農場退耕還林還將不必維持那些規模小且分散的一間房子式學校，州政府為維持這些學校每年大約要花費 1,400 美元。

這就是我們為什麼滿懷信心地認為，數年之後，這項紐約州規畫不僅僅收回成本，而且在金融儲蓄方面還會惠及全國人民。

現代社會發展步伐如此之緊張，以至於有必要花更多的時間進行休閒娛樂。同時，我國各州即全國的生產效率非常高，這樣就可以拿出更多的時間用於娛樂活動。特別是今年，這種情形變得愈加明顯。透過植樹造林，我們可以將這些土地轉化為紐約州的一種重要的，能夠立即創造利潤的資

源。作為該計畫的一個小細節，資源保護專員能夠將最近購得的這 25,000 英畝土地開放，用於狩獵和釣魚等活動。其他的造林區買到手後，他還可以繼續將這些土地開放。

這些再造林地區大部分位於海拔較高的河流源頭。再綠化工作可以規範這些河流的流向，與助於防治水災，並為城市和鄉村提供更加純淨的飲用水。

對於目前生活在這些不適合農業活動的人們，我們該怎麼做呢？首先，這些將被廢棄的農場裡的人數量相對較小，他們中的大部分人將被吸收到紐約州條件更好的農業區當中去。其次，我們透過全部人口未來的發展趨勢的研究繼續秉持著進行全州規劃的想法；這就是農村居民和從事工業生產的人之間，農村居民與城市居民之間，以及農場主與從事工業生產的人們之間存在明確關聯的所在。

在某些州，人們已經進行過一些實驗，目的是使工業和農業之間的關係更加緊密。這種實驗採取兩種形式，其一可以稱之為農村生活工業化，其二是在目前完全從事農業生產的地區建立一些小型工廠以達成工業農業化的目標。

依靠這種特殊關聯，佛蒙特州透過採取一種重大舉措似乎成為謀求使工業進入農業地區的帶領者。

譬如，在佛蒙特州的一條河谷內，一家生產水壺蓋子扣手的木材加工廠已經大獲成功，以至於農村人口向城市流動

的驅使完全終止了。該河谷的人們發現，在夏天從事農業生產即可獲利，而在冬天那幾個月，具有簡單的勞動能力就可在當地工廠中找到工作。

另外一個例子是關於一個位於紐約鄉村的較大的製鞋廠。很多個人都生活在這個村子裡，另外有一些人則生活在方圓 10 英里左右的開闊區域內。

作為一個國家，我們只是剛剛開始對這個問題有了膚淺的認知，並開始考慮透過將工業的一份公平的份額送往農業地區來達成工業生活多樣化的可能性。廉價的電力、優質的公路和汽車使得農業 - 工業開發模式成為可能。毫無疑問，許多工業將透過使自己移居到農業區也能夠獲得同樣的成功，如果不是更加成功的話。同時，這些農業區將被賦予更高的年收入能力。我們將保持這種平衡。

透過我剛剛粗略描述的州規畫，交通運輸、城市人口過多、生活消費水準過高、改善種族健康狀況、使人口規模保持整體平衡等許多問題將來都可以靠各州自己加以解決。

我國不同地方的環境條件存在著巨大差異，因此這些實驗的實施應當且將會與各自所處環境相一致。我曾經說過「靠各州自己」，因為某些州所採取的解決問題的方法從長遠角度看，在經濟方面不一定合情合理，而有些其他問題還得依靠國家來解決。

我記得，很多年前，當時是英國駐華盛頓大使的詹姆斯‧布萊斯（James Bryce）說過，「當許多其他政府形式已經走向沒落或被變革後，美國政府的形式將會繼續長久地存在下去，其原因是：在世界其他國家，當一個新問題出現時，這個問題必須在國家實驗室中受到檢驗，制定出一個解決該問題的方案，而一旦這個解決方案制定出來就不講應用到整個國家。有時候，這個解決方案可能是正確的，而有時候，它可能是錯誤的。但在美國，你們擁有 48 個實驗室，當新的問題出現時，你們能夠制定出 48 種不同的解決方案以應對這個問題。在這 48 個實驗室提出的解決方案當中，有些可能不盡合理，難以接受，但這種實驗的歷史表明，你們至少已經找到了某些補救措施，這些措施非常成功，可以將其應用範圍擴大到全國。」

在州經濟規畫中，各州需要全國政府的熱情合作，即便只是作為資訊收集機構也是如此。全國政府能夠且應當成為所有州長的保潔員，以使他們順利開展工作。再過幾年，越來越多的州會像紐約州一樣意識到，就新問題尋求新的解決辦法是政府責無旁貸的職責 —— 我對此充滿信心。從長遠來看，州和國家規畫對於未來的繁榮、幸福乃至美國人民的生存都是不可或缺的。

第四章
政府的重組

第四章 政府的重組

　　政府首腦進行經濟規劃的迫切必要性要求我們必須進行盡可能清晰的思考。行動路線一經確定，就需要所有關於各方進行全身心的配合，即需要我們的足智多謀、並掌控一方的公民團體採取行動進行支持。

　　只是老老實實地實施這些計畫是不夠的。我們急需的是迄今為止見過的最高的工作效率。就政府制定經濟計畫這個問題而言，如果我們為了完成該任務而沒有把政府機構置於有序的狀態中，那麼他們的成功會受到威脅。

　　我從該任務的經濟和效率角度出發，努力將國家政府各部門進行重組與整合的做法將在後面關專章加以論述。我希望這樣做至少可以使聯邦政府的日常運行成本降低 25%。

　　但是，聯邦政府對其公民個人所負有的非常重大的責任並非我國所有政府的責任。我不想在這裡為聯邦和州的權利與責任下定義。地方政府是與普通公民簽署契約的一方，不論聯邦政府為他的生活和未來提供哪些幫助，還是不做什麼，他的地方政府的行動對他的影響都是最直接、最迅捷的。

　　地方政府是關係到每項必要的行動在未來幾年成敗的方法。漠視地方政府的作用即使不是犯罪性的怠忽職守，也是愚不可及的。我們來考察一下我國地方政府的情況。

　　我國政府，特別是地方政府的花費情況正引起很大關注。聯邦、州和地方政府的開支總計大約為每年 120 到 130

億美元。這當中，聯邦政府大約花掉了三分之一，州政府約花了 13%，而剩下的一多半經費都被地方政府使用了。

　　儘管第一次世界大戰對聯邦政府的支出造成了影響，但自 1890 年以來變化不大。顯然，既然對方政府的開銷是我們的總稅收的主體，我們就必須對地方政府進行分析，看一看它的工作是否可以簡化，是否可以減輕納稅人的負擔──如果我們希望減稅或放緩稅收增加的速度的話。

　　就我們所知，在我們的許多州，地方政府、郡政府和鎮政府的形式可以追溯到大約 1670 年約克公爵法實施的時期。政府形式的設計師為了應對那個時候存在的形勢。美國獨立戰爭結束後，這些形式都被美國各州延續下來。令人感到吃驚的是，自建國以來，其政府形式少有改變。我們可以認為，在接受這種政府形式之時，它們是與那個時代的形勢相適應的。

　　當時沒有蒸汽船、鐵路、電話、電報、運輸裝置或優質的道路。交通運輸和通訊的方法粗陋。最迅速的外出和通訊方法是騎用馬、驛站馬車和運河。有時候我們會聽到有人把過去稱為「馬與馬車時代」。我們沒有城市中心──只有幾個規模較大的村落。我們的人口幾乎全部都是農業人口。在那個年代，至少有 80% 的工人依靠種地為生。人們生活在狹小的區域內，過著地方社區的生活。他們幾乎完全依靠他們

第四章　政府的重組

自己生產的東西，或者他們自己所在的地方的其他人生產的東西維持生活。鎮政府的形式就是自然形成的形式。它與那個時代的環境相適應。

而且，政府提供服務的需求範圍也是很廣泛的。鄉間小路滿足了各個社區之間有限的交通需求，在這裡，造價昂貴的汽車道是不必要的。或許有一個村用抽水機，但每個村民都能夠處理好自己的飲用水供應問題，污水排放和垃圾處理則是各家各戶自己的事情。剛開始，人們認為警察和消防不是市政府的職能。每一個社區都為自己的窮人做出了規定。人們認為對於一般的孩子來說，接受讀、寫、算等三種初等基本技能教育就足夠了。

我們不必將那個時代與現在進行對比，但是目前的確明顯存在著放棄地方政府就有形式的特殊不穩定因素，這種政府形式比其表面顯現的要陳舊得多。事實上，我國人口的流動性越來越大。我們尾隨著發展工業的勃勃野心與狂想從一個社區來到另一個社區，從一個州來到另一個州。不只是在美國的新興地區，那些老住戶才會發覺自己成了少數。在我們的任何一個比較古老的州的任何一個村莊，那裡的居民的構成情況甚至品格數年間都可能發生了變化 —— 迅速地轉變成為這樣一些團體：其成員是全國經濟和社會規畫的組成部分，而不是任何社區的固定不變的居民。

剛開始曾經是地方性的或社區的事務，現在則成為具有更廣泛利益關切的事務。公路、學校、公共健康、對需要社會贍養的人們的照顧；實際上，地方政府的所有事務都是如此。可是，我們依然繼續沿用著在完全不同的條件下設計出來的政府運作機構作為主要的行政方式，在這個事情發展瞬息萬變，讓人不知所措的時代兜售著政府的服務。

　　我們在目前存在的地方政府運行機制當中很有可能設立了 5,000 個部門。其範圍從聯邦政府一直到最小的學校或特區。以我自己的紐約州為例，我們有 62 個郡，60 座城市。但這僅僅是剛剛開始：我們有 932 個鎮並且根據最新的統計資料，我們有 525 個村子，9,600 個學區，2,365 個消防、供水、照明、下水道和人行道管區，總數高達 13,544 個分別獨立設置的政府單位。

　　我們將這種分析在深入一步：在一個與紐約市毗鄰的人口密集的小郊郡，我們就有 3 個城鎮和兩座城市。這只是地方政府複雜性的開端。同樣是在這個狹小的地區內，我們有 40 個村子，44 個學區，165 個特區。在這個小郡裡共有 246 個政府單位。

　　我們需要一個簡單、運行平穩且有效的政府機構以滿足我們的第一需求 —— 是政府機構經濟地運轉。

　　但是由於目前的情況複雜，地方政府的開支迅猛增加，

第四章　政府的重組

其速度令人吃驚。1890 年時，全國地方政府的費用為 4.87 億美元。1927 年時──這是我們得到的最新的完整資料──各州內設置的單位較少，而政府的開支為 64.54 億美元，人均負擔從 1890 年的 7.73 美元增加到 1927 年的 54.41 美元。

在我所指的小型郊區單位，1900 年的全部地方稅收總額為 33.7 萬美元，而 1929 年時則為 220 萬美元。在此期間，可徵稅財產增加了 35 倍，而稅收卻增加了 65 倍，人口只增加了 5.5 倍。在農村和農業郡方面，1900 年的稅收總量為 15.8 萬美元，1929 年達到 115 萬美元，稅收增加了 7 倍，可徵稅財產增加了兩倍多一點，而該郡的人口總量實際上卻減少了 5%。在該郊郡，1900 年人均繳納地方稅 6 美元，農業郡的數目為 4.3 美元，但在 1929 年，這兩個數字分別為 90 美元和 52 美元。

今後我會討論政府稅收和金融問題。在此處，我希望重點強調這個政府單位的組織問題。儘管整個紐約州在達成稅收均等化方面採取了各種措施，但實際情況依然是，我們還是在供養著一個複雜的，在我們看來這是不可思議的、費用昂貴的、鋪張浪費的和缺乏效率的地方政府機器。我們已經盡可能採取措施以減少這臺苦心經營的政府機器的運轉費用總量。這種情況在聯邦的所有州都存在。我之所以拿紐約州為例，只是因為作為該州任期兩屆的州長，我對這裡出現的

問題的細節瞭若指掌。

如果我們正視這些事實就會發現，其形勢令人震驚。沒有紐約州的哪個公民可以生活在至少四級政府——聯邦政府、州政府、郡政府與市政府——的管理之下。如果他生活在市鎮而非村子裡，他就得接受五層政府——聯邦政府、州政府、郡政府、鎮政府和學校——的管轄之下。如果他生活在村鎮合一的混合型村子裡，政府管理層級還得再加一層。如果他生活在市鎮而非村子內，他可能處於一個消防、供水、下水道、路燈和人行道等設施的街區，此間的政府管理層級為 10 個。

處於這種管理層級之中的公民要受到太多政府機器的監管。讓他理解這些確實是太複雜了。他可能沒有意識到，十級官員在分享著公共資金，徵繳稅收，並發行債券。他的注意力通常不會集中在地方政府，因為他極少知道多少資金被占用，徵收了多少稅或發行了哪些債券。獲取所有關於這些事情的信心方法是匱乏的。甚至地方報紙的編輯們也不知道政府在這些事情上都採取了哪些行動，除非某些特殊事件吸引了引起他們的注意，才會去探究事情的細節。

事實上，的確不需要這麼多錯綜複雜的政府機構。

我們有藉口但沒有必要背負著這規模龐大、沒有用處的政府官員大軍。我來列舉一些簡單的事實。

第四章　政府的重組

　　僅在紐約州的郡政府和鎮政府，在加上所有混合在一起的城市和村子，共有大約 15,000 名官員，其中大部分是民選官員，具有法律地位。在各郡中，這些人主要包括郡法官、郡司法長官、遺囑檢驗法庭法官、郡政府公務員、登記員、地區檢察官、驗屍官、郡檢察官、以及事務專員；在各鎮，有鎮行政長官、治安官、估稅員、鎮徵稅官、高速公路管理員、警官和福利官。這些開薪資的官員，除了少部分另外而外，都集中在所有各郡和鎮。他們形成了可以稱之為日常職員大軍官員隊伍。但是，除了這支官員大軍之外，還有一個更大的族群，我稱之為家庭警備隊，他們當中有的需要開薪資，有的不需要；有全職的也有兼職的；有選舉產生的也有任命的，以他們的委員會、管理員、行政長官和教師為代表構成了警察、照明、消防、下水道、人行道。供水和其他地方改善地區和學區。

　　僅以一個例子來說明這個問題。將紐約市內的 5 個郡和整個韋斯特賈斯特和拿索郡這兩個郊郡排除在外，來看一看紐約州另外 55 個郡的情況。這裡的社區共有 11,000 名徵稅官員！這些徵稅員代表著 911 個鎮，461 個村和 9,000 多個學區。平均每個鎮僅徵稅員就有約 12 名。有意思的是，這 11,000 徵稅員的規模比打贏了馬拉松戰役的軍隊規模還要大。如此強大的徵稅力量實際上只負責徵收該州應交稅財

產總值的六分之一。剩下的六分之五則由不足 200 人的市、郡、鎮和村的官員來徵收。

我所提到的絕大部分郡鎮的官員雖為受薪職員，但他們當中的許多人卻仍然可以徵收數目不詳的服務費。我們一直試圖拋棄這種古老的收費制度，但這種制度一直在鎮和郡政府根深蒂固地存在著。這種收費制度毫無疑問應當予以廢除，但是在很大程度上，這種制度因地方政府機構的合併以及這些機構與郡和州政府機構關係的重新調整而有所不同。

我來把這個情況說得更清楚一點。這種影響地方政府運轉的令人苦惱的、鋪張浪費的情況並非紐約州所獨有。在全國，稅收負擔的不斷增加正迫使行政官員和公民們將其創意轉向重組問題。

賓夕法尼亞州、紐澤西州、明尼蘇達州、加利福尼亞州、密蘇里州、密西根州以及其他許多州都在醞釀補救措施。在北卡羅萊納州，該州已經控制了所有公路，包括我們所說的鎮公路的維護與保養事宜。在維吉尼亞州，雖然州的界線依然存在，但是許多郡的職能已經被整合到由數個郡組成的社區中來。在明尼蘇達州，經過全民公決，一個林區郡已經獲准廢除了鎮政府。在加利福尼亞州，一個委員會已經建議對該州憲法進行重大修正，以便使郡政府承擔起地方政府管理的責任。我來總結一下這種形勢：改善地方政府的運

第四章　政府的重組

動在各地如火如荼地進行著，並正遍及整個合眾國。

所有調查達成的結論是，對地方政府進行徹底重組勢在必行。人們普遍認為，郡政府已經失去時效，郡作為一個管理機構應當被廢除。人們一直認為，要確保大多數人支持這項提議需要時間；同時，人們強烈地感到，各郡應當被整合，應當建立一種更簡化的郡政府形式以取代目前的臃腫政府形式和眾多政府職員。

根據邏輯分析而不是巧合或傳統得知，可以透過精簡地方政府組織結構，重新劃分履行各項職能的職責來大幅度削減地方政府的高額費用。我們一定要考慮到每一種職能，並決定何種管理機構，多大規模的機構才能最有效、最經濟地履行該種職能。較小的農村政府機構的健康狀況非常不平衡，以至於有些機構即使是徵收了高額稅收也無法維持令人滿意的道路和學校，而另外一些政府機構雖然徵收的稅收不多，但卻能夠慷慨地甚至是奢侈地花費這筆錢。

應當廢除所有重疊的地方司法機構。從屬於州權力機關的地方政府的一兩個律師就夠了，我們應當認真地進行政府職能的徹底重組和再劃分工作，以完成將其他律師取消這項任務。

有一種直接方法可以補救地方政府的高額費用問題。這種方法雖說沒有與機構重組同樣的功效，卻是應當毫不遲疑地採取的朝著正確方向邁進的舉措 —— 如果地方政府想和不

久的將來出現的政府同樣有效的話。也就是透過州或地區權力機構對地方政府支出進行控制。這即是人們熟知的「印第安那計畫」。

在印第安那州，在某個徵稅區，10個或更多的徵稅員就可以要求州稅收委員會審議地方預算或擬議中的債券發放問題。經過一次聽證會，州稅收委員會就可以擬議的撥款數額或可以發行的債券數量，或者完全取消該專案。

這是控制地方開支的立竿見影、成效顯著的方法。該方法已經通過試驗階段。我了解到的資訊表明，此方法得到大眾意見的支援。科羅拉多州和新墨西哥州已經對印第安那計畫的形式進行了修正。俄亥俄州、奧克拉荷馬州和奧勒岡州已經接受了這個想法，但是這種控制權是由社區委員會來行使的。這種通用的控制地方政府支出的方法值得每個州的權力機構立即加以考慮。

地方政府的重組已經被拖延了太久，這種事實使我們浪費了許多金錢，同時剝奪了人民在更好地保護其生命、財產和有序、幸福的生活設施的道路上進行改善和提供服務權利，因為本來可以花同樣的或者是更少的錢就可以做到這些。

我認為，我們所有人都承認，政府開支總額中增加的部分多數是不可避免的、必須的、我在此處就機構重組問題所做的有限總結足以充分地表明，政府已經被迫恰當地承擔起

第四章　政府的重組

那些曾經屬於個人和家庭的責任。以同樣的方式，較大的政府機構已經恰當而合乎邏輯地被迫承擔起曾經屬於較小政府機構的職能。不同類型的文明和不同的國家經濟的需求已經迫使我們重新對公共服務所帶給我們的負擔進行分配。

比如，公路就不再僅僅是地方的基礎設施。我們面臨教育問題，要從作為權力機構 州找到一種授權形式以使所有兒童都有受教育的機會。我們開始認知到，公共衛生問題不止是地方的責任。當犯罪活動涉及整個州乃至全國時，犯罪問題也不再是地方事務。

關於所有這些問題，我期盼並希望透過這樣或那樣的方法很快看到更多的措施出現，以由各州承擔起其職能與責任。

使稅務負擔均等化的做法通常會使各州那些掌管著錢袋的人努力爭取更大比例的地方開支。這使得各州幾乎不可避免地要負起明智開銷的責任來，這對那些已經以這個州為基礎繳納稅收以補充州財政的錢袋的人們來說是不公正的。在我看來，這種責任必然公平地導致對所有地方開支進行更嚴密，更權威的監管。這必然意味著地方權力機構更緊密地與某些有管轄權的州權力機構進行融合。這種做法是以下面的事實為基礎的：就眾多職能而言，某些有管轄權的權力機構擁有專家組以及整個州的資訊，它對於地方開支的經費用途不但擁有諮詢權，還擁有否決權。

地方權力機構必須進行整合，廢除眾多的地方政府層級以便保持針對地方事務採取任何適當措施的地方自治權，這對我來說似乎也是合乎邏輯的。

我們當中有太多人在政府這個問題上思維懶惰。我們喜歡在民主與自治的相對優勢與劣勢問題上誇誇其談；我們喜歡充滿愛國情懷地對我們的先輩們在設計我們的政府形式方面的工作頂禮膜拜，或者對他們進行橫加批判，認為他們是沒有獨特創意的模仿者；但是，在以我們的先輩們楷模，為我們自己當前的和未來的需求謀求進行計畫與設計解決辦法方面，我們卻表現的拖拖拉拉。我們討論俄國的五年計畫和十年計畫以及墨索里尼制度的優點與不足的熱情要多於對這個問題的思考：鎮的監督是否對所有事情都有利或者探究一下鄉村衛生官員為了賺到薪資該做些什麼。這或許是因為對更遙不可及的事情做出某種判斷更加容易些。我不願意認為這是因為我們更喜歡讓任何別的人來為我們做出我們的判斷。

此事提示我，那些據有公職的人們不應當只是滿足於將他們的工作職責看作發現這些職責，並根據先例履行這些職責。那些有過操作機器經歷的人們應當能夠將其不足告訴我們。我曾經聽一位政府官員建議將其工作當作沒有用處的加以廢除。如果有更多像他這樣的人出現的話，那必將是件激動人心的、令人耳目一新的事情。

第四章　政府的重組

　　在第一次世界大戰期間，我們聽到許多關於挑戰民主制的事情。我認為得知民主制正在受到挑戰對於我們的驕傲自滿情緒來說是件好事。可是，當今的民主制正受到挑戰，其程度即便不是喧囂的，也是強而有力的。這項挑戰來自所有對政府的無效率、愚蠢和開銷進行抱怨的人們。人們可以從犯罪紀錄和我們的許多社區的醜陋之處感受到這點。這在所有官方的貪污受賄和決策失誤的新聞報導中表達出來。這寫進了我們的稅法裡，甚至寫進了我們的孩子們在學校學習的、貌似愛國的教科書中。這種情形在選舉日那天則被放大了，當時，選民們看著他們目前長長的一串男男女女的名字，對於這些人他們從未聽說過有哪位曾當選過某個薪水階級職務的候選人，而選民對這些職務的職責和功能只有最朦朧的印象。

　　在獲得自由後，這些致力於為我們的聯邦政府謀篇布局的人們用不朽的文字寫道，他們的目標是要構建一個「更加完善的聯邦」。我認為，當他們將這個理想寫入合眾國憲法的序言當中時，就已經為我們也為他們自己制定了任務。

　　如他們所認為的，他們正在創建一個嶄新的，適合於那個時代的環境的政府，但是，他們非常明智地凝視著未來，並且承認生活環境以及對政府的要求注定要隨著時代的變遷而不斷發生著變化，因此，他們把自己所準備的這項政府計

畫制定為可變的，而不是一成不變的 —— 要順應變革和進步的需求。

如果我們想要逃避重組政府以使其更好地服務於全體人民，更能反映現代的需求，那麼，我們就不能說自己是明智的或是愛國的。

第五章
開支與稅收

第五章　開支與稅收

　　顯然，稅收問題是擺在我們目前的最重大問題之一。如果穩健的經濟規劃方法得以付諸實施，就有可能再次獲得解決辦法。但必須記住的是，如果我們想要做任何減少稅收，重新調整其負擔的事情，我們就必須同時制定出與之緊密連繫的其他政府問題的解決方案，並有勇氣去實施這些解決方案。我們的稅收總量中有將近一半來自地方。

　　稅收使我們重新考慮政府功能問題，而對這些問題的任何思考必須自始至終圍繞著一種金融模式展開。這就是為什麼在大多數情況下都不可能將政府的瑣事與費用問題隔離開來，不論這件瑣事是關於準確性的還是關於希望的。

　　現代各州正涉足商業，而不管其歡迎與否。我們正在現代文明的逼迫下進入商業領域。比如，在過去，我們會建一幢大樓，而我們當中的不幸的精神病患者則被放進這幢大樓中。從此以後，他們就被州的人民遺忘了。

　　我們甚至不會囊括州內的所有精神病患者。他們有數千人，散布於不同的社區，躲在後屋和閣樓內。智能障礙的兒童遍布全州各地，在那個年代，州沒有為這些孩子做任何事情。那個時代，有一些建於 6、70 年前的監獄，那裡單人牢房長為 6 英尺 6 英寸，寬為 30 英寸，淨空高度為 7 英尺。甚至在 20 年前，我們還認為這沒有錯。我們現在依然使用著這些房間。我在以此為例說明問題，因為只是在過去 10 年間，

人民對現代文明的感覺才變得日益強烈：我們一直沒有正確地處理好州的監房問題。

1930 年，在紐約州我們大約建造了 6、7 萬間牢房。這還不包括不同的郡、市以及其他社區建的牢房。現代文明已經使我們修正了處理這些牢房的整個計畫。

譬如，現在我們在精神病患者問題上不斷在精神病學研究方面取得新的進展。我們在治癒那些即使在 20 年前還一定會被宣布為不可治癒的患者。事實上，改善的比率已經不斷地提升了。1930 年時，這些不幸的人當中有 20% 到 22% 被我們治癒了。再來看監獄問題。我們期望那個理想的一天到來，那時犯人中 94% 的人能夠重新回到我們的懷抱，他們當中的絕大部分人將順利地度過他們的餘生。我們已經制定出了一項更好的制度，據此，實現這個理想的可能性更大了。

就必要性而言，紐約州已經介入了 20 年前並沒有州的問題存在的事情 —— 比如高速公路問題。那時，我們有一項計畫，一項看似宏偉的計畫，就是要花費 1,000 萬到 1,500 萬美元用於建設從紐約到布法羅，從奧爾巴尼到蒙特婁的幹線高速公路，而那時去幹線高速公路的理由遠不如今天充分。今天，這不僅僅是混凝土鋪成的幹線高速公路建設的問題了。位於每一條便道上的農民都在要求讓幹線高速公路經過他們的家門。

第五章　開支與稅收

各州支出增加還有一個原因。教育水準更高了。1920年時，紐約州花費1,000萬美元用於州對教育的資助。現在由於這方面的費用則高達1億美元以上。州政府全部開支當中有近三分之一正用於對教育的援助方面。或許這不是正確的政策，但似乎與現代思想相一致，而且我並不認為有那個人可以提出另外的建議來。

除了我在上一章提到的政府組織機構的效率日漸降低外，導致政府費用增加還存在著真正的原因。

我不希望將困難的情景描繪的過於詳盡。但是，對問題的清晰理解要求用那個例子來說明州政府的發展趨勢。這些趨勢非常重要，以至於我身為紐約州的州長曾三番五次地試圖使之引起大眾的關注。對這些趨勢的透徹了解就會在將要採取的減稅措施這類行動方面達成一致意見。

像在紐約市所反映的情況一樣，我們隨意地在幾個紐約州政府必不可少的部門內談談支出的情況。

看看矯正機關與社會事務部的情況。或許這兩個州政府部門最清楚地展現了這個事實：為了對大眾輿論做出反應，公共服務領域一次次地被創建並被擴大。同時，它們還表明，只有當不斷變化的大眾輿論引起了控制政府範圍與花費的法律的變化時，才能對政府的基本計畫和服務進行變革。

矯正機關管理著7所州監獄、2個教養院、2家精神病犯

人醫院、2 個少管所和 1 所少年犯學校。1931 年，該部花掉了 850 萬美元，超過過去 10 年費用總量的 78%。展現機構的犯人總數大約為 13,000 人，比 1922 年多 50%。服刑的人口數量在增加。這個部門的開銷在過去 10 年間增加了 370 萬美元左右。費用增加的原因很容易找到，但是，我們來看看導致費用增加的更廣泛、更重要的因素。

主要事實是犯人的數量增加了。假如在 10 年內我們使犯人的吃飯。穿衣、住宅和待遇保持不變，那麼我們在這個州的刑事機構每年要比 1922 年多花 132.5 萬美元。這差不多是 10 年增加值的一半。這是《鮑姆斯法》以及其他刑事法令修正案實施的結果，根據這些法律，判決變得更加嚴厲，假釋的獲得則受到限制。只要涵蓋罪犯關押和監禁事宜的現行法律依然有效，這種趨勢就是無法改變的。1922 年以來所增加費用的另外一半之所以會出現，是因為我們提供了更好的監獄設施。我沒必要詳細說明這些情況，但是僅就體面程度而言，這些設施足以說明問題了。減少監獄開支從小的方面來說只是一個管理問題，從大的方面而言則是一個社會和公共政策問題。問題是：你希望購買多少被判有罪的男人和婦女的關押權？你願意為此支付多少錢？

大眾輿論對社會事務部開支情況的影響則更加不容置疑。1922 年時給該部門的撥款為 29 萬美元，並一直保持該

水準數年之久。但是，在 1932 年，幾乎完全是老年人保障法 —— 該法賦予社會事務部新的責任 —— 其費用躥升到 910 萬美元。

紐約州希望靠廢除其對養老金負有責任的規定，將照顧年老窮人的全部責任重新推給個市郡，並在這個領域回歸到 1922 年時的水準以便每年節省下 800 多萬美元嗎？

以紐約州勞工部為例。工人們知道，正是透過這個部門他們才可能得到工作。即便是在 1931 年，該部還為 10 萬人找到了工作。紐約州的生意人或製造商知道，正是這個機構調整了他與其雇員們之間的分歧，並告訴他應當或必須採取哪些具體的改進措施以保障他的工人們的健康與安全。該部門的代理人們在 1931 年就對製造商和商人們的安全情況做了 85 萬次檢查。

也是這個機構正夜以繼日地努力防止對工人進行剝削、實施童工法、保護工廠中的婦女、防止將殘障工人變成社區的一項負擔、減少再次發生像 1911 年特賴安格爾大火那種災難的風險 —— 在這次火災中有 147 人喪生。這就是我們不得不從嚴格的費用角度出發去進行觀察的人類王國。

勞工部 1931 年毀掉了 330 萬美元。這個數字比該部 10 年前的開支要多出 170 萬美元，或者說比那時開支的兩倍還多。導致這種費用增加的原因何在？這樣做明智嗎？應當把

導致該部門費用增加的政策推翻以減輕人民的稅收負擔嗎？

　　從很大程度上來說，問題的答案依賴於觀點。19 世紀的哲學家們在政府承認或履行廣泛的社會責任方面的思想很少或者沒有論及。如果你也同意這種狹隘的觀點，你就會將這個勞工部所做的工作看作是紐約州不適當的活動，而不管其提供的服務在社會上多麼有益處。

　　另一方面，或許你同意西恩‧T‧奧凱利（Sean Thomas O'Kelly）非常巧妙地講到的政府概念。奧凱利是最近出席渥太華帝國經濟大會的愛爾蘭自由王國的代表。他將現代國家的目標描述為「為最大可能多的人們提供能夠和平與幸福地生活的經濟環境。」如果這就是你的觀點，那你可能很容易地認為，這個勞工部不是花得太多，而可能是花得還不夠多。

　　有一個 8 萬美元的特殊專案是用於從事勞工部的一般管理、行政和資料統計工作。雖說所有這些錢花得是否值得可以商榷，但重要的是，紐約州差不多是美國唯一擁有足夠的失業情況統計資訊的州，這些資訊使得該州可以依照實際情況制定切實可行的治理措施。人工將勞工部的主要服務專案削減到從前的水準，管理費用自然會回到其先前的水準上去。為了節省 8 萬美元，我們就應當退回到 1922 年時的行政方向和統計控制的標準去嗎？

第五章　開支與稅收

　　看看農業與市場部的情況。10 年前，我們按同等價格計算，花費了大約 190 萬美元從該部購得了 20 項具體的為人民服務專案。1932 年時，我們購得了 34 項獨立的服務專案，共花費了 570 萬美元。該部與人民生活的關聯有這麼緊密嗎？如此巨額而奢侈的開銷有必要嗎，或者說正當嗎？該部負責監管乳生產廠，實施純淨食品法。它保障著紐約州的食品供應，從未來糧食作物的種子儲備開始，一直到將食品傳送到消費者家門口的全過程。為了幫助農民做好他們的事情，該部門還管理著紐約州的商品交易基金、發布農業環境的相關資訊、檢查家畜的飼養、檢驗化肥、印發食品生產統計資訊，並努力使優質產品獲得公平的運輸費用。農業與市場部並不是因為自己想要去消滅牛結核病才這樣去做的，而是因為已經通過的法律規定它必須去做這事。

　　消滅牛結核病工作的費用是最大的一筆開支。1931 年，這筆費用為 439.5 萬美元，而 10 年前這個數字為 79.6 萬美元。我們需要繼續購買同樣的消滅牛結核病這項服務嗎？ 10 年前，獲得認可的牛群數量（免於注射疫苗且獲得生產牛奶的許可的牛群）為 685 個。到了 1931 年底，這個數字已經增加到 7.5 萬個。依據結核病試驗進行監管，已注射疫苗的牲畜的屠宰，以及保障牛群主人獲得賠償金的工作，所有這些看來都是必須要做的。消滅牛結核病工作大概完成了三分之

二。由於我們關心衛生問題，我就稍微詳細地介紹一下衛生部的工作。衛生部的費用雖然不是紐約州政府全部開支中大戶，但是，由於其服務範圍已經擴展且與人民的日常生活的關係日益緊密，其經費卻一直在迅速增加。

健康的人民是國家能夠擁有的最具價值的資產，對於這點沒有誰會提出異議。其重要性超越了全部物質財富。但是，服務範圍的擴大對經費數額產生了重大影響。除了花費33萬美元用於購買鐳以外，紐約州還花了大約320萬美元用於保健活動，這個數字是1922年的兩倍多。除了機構支出外，衛生部1931年的開支比10年前多了96.5萬美元。

一般來講，這種費用的增加代表著不久前已經取得的進展，當時我們就斷定：公共衛生是可以購買的。透過花費一定數目的金錢我們了解到，我們能夠全體人民購買到一種在很大程度上可以免受特殊疾病 —— 比如瘧疾、黃熱病、傷寒乃至結核病 —— 折磨的自由。

在減少嬰兒死亡率和提升嬰兒健康狀況的工作方面，10年前這項支出為2.3萬美元。1931年時，這個數字增加了七倍多。在此期間，嬰兒死亡率大幅度下降，這至少部分地歸因於這項工作。1915年，每1,000名出生的嬰兒當中大約有100名在1歲之前就死亡了。依同樣的比例計算，1922年時這樣死亡的嬰兒有70名，但1930年時則只有59名。如果

第五章　開支與稅收

1915 年時的嬰兒死亡率得以延續的話，那麼，1930 年時就會有 9,000 名不到 1 歲的嬰兒死亡。紐約州應當透過將婦女懷孕、嬰幼兒保健工作範圍限制到 1922 年時的水準，以節省 14.4 萬美元嗎？

今天，任何擔任公職的人都會認知到削減稅收的要求和需求。他知道，商業、工業和農業都在疲於奔命，它們承受著比其能夠安穩地承受的數目還要沉重的稅務負擔。他知道，高稅收是導致失業的原因之一。

這位擔任公職的人在承認了這些事情的同時，還知道政府的實際情況。稅收源自於政府開支，政府開支源自於服務，服務源自人民的要求 —— 這些要求以法律形式獲得議會通過，議會對政府行政管理部門做哪些事情進行指導和監督。如果稅收被削減，那服務專案就會被削減或取消。這是自然而然的。同樣明確的是，只有人民透過議會以新法律或者廢除就有的法律的形式提出新的要求 —— 而不是靠慷慨陳詞或通過決議案 —— 才能取消或削減服務專案。按著我們的政府計畫，這些新的要求都是大眾輿論的直接產物。

這是稅收問題的一個方面。另一面則更加令人震驚。事實上，沒有適用於稅收問題的基本的美國原則，這必然會對每個公民和每家公司產生影響。例如，我們發現在聯邦稅收和州稅收間並沒有界線。在許多情況下，比如在所得稅方面

就存在聯邦政府和州政府完全重複徵收的情況。我們還發現，州稅收和地方稅收之間存在重複徵收和錯綜複雜的情形，其結果是，我們經常使自己置身於雙重稅收之下 —— 為完全相同的財產或權利繳稅。而且，我們發現實際稅務負擔存在著嚴重的不均等現象。

在我看來，每個州應與其他州進行合作，以制定出某種既合情合理又為普通公民所理解的稅收計畫或原則的時刻已經來臨。當然，對聯邦政府來說，第一步就是承認要對稅收種類進行明確的劃分 —— 聯邦政府希望保持哪些稅種，各州擁有哪些稅種的徵收權。除非在戰爭時期或國家重大緊急時期，聯邦政府都應當被限制在這個分類之內。所有其他的稅收方法據此將自動為各州自己持有。在我看來，這將是聯邦憲法的全部精神和目標得以達成。

使所有其他稅種為各州持有就令各州沒有機會再去為自己開發新的稅種，只是將那些稅種劃分為州自己徵收的部分和為地方政府 —— 各郡、市、學區等 —— 持有的部分。

當議員、管理者和選民們能夠將這些稅收方式健康有序地在聯邦政府、州政府和地方政府機構間進行分配時，我所談到的政府機構必會被急劇簡化 —— 那時，也只有那時候我們作為一個國家才能繼續維持同樣重要的任務 —— 對我們的稅收總量以及目前迅猛增加的政府債務總量施加某種限制。

第五章　開支與稅收

　　政府收入不但必須滿足實現繁榮發展的開支需求，而且這種收入依照支付能力原則予以保障。這就是聲明支持徵收累進所得稅、遺產稅和利潤稅，反對徵收食品和服裝稅，因為這種稅務負擔實際上都以人頭而不是以個人收入的相對數量轉嫁到這些生活必需品的消費者身上。

　　除了平衡的國內預算和公正的收入制度外，我們還需要做更多的事情。混亂不堪的政府金融形勢使人們對國家貨幣價值存在普遍的不確定性。這種不確定性正從一個國家向另一個國家蔓延。合眾國能夠很好地負起責任，發起召開一次大會以建立比較穩定的金融關係，確定可以採取哪些措施來恢復世界上一半以白銀為基礎的人民的購買力，並就政府金融問題交換看法。顯然，合理的貨幣不單單是一國自身的國內事務，而且是一種國際性需求。就這個問題交換意見是最迫切的事情。創造一個穩定的環境使貿易水準得以恢復同樣是迫在眉睫的事情。

　　政府應當更加務實、更加有效率、更加商業化，如果認為這樣的建議太激進，那麼這就是激進的觀點。我希望，我以及所有優秀的美國公民都不要僅僅從我們自己和我們的人生的角度來思考問題。我相信，我們正從我們的子孫後代的角度來思考問題。將各個欣欣向榮的城市、鄉村、郡、州和國家交給他們是我們的神聖職責。

第六章
我們的確進步了嗎

第六章　我們的確進步了嗎

　　我們對政府開支不斷增加日益感到不安，這是因為稅務負擔增加得非常迅速，以至於許多人認為即使是在我們的有生之年，這個問題就會變得不可容忍。這種負擔已經對我們的生活產生重大影響。但是除了奢侈、無效率和揮霍浪費而外，我們無法否認的是，不斷增加的開支在很大程度上是由於政府奉行的新概念 —— 是全體人民獲得更大的幸福與安全。

　　普通男女所能享受的州政府的服務專案已經有了歷史性增加。這些服務通常沒有引起那些十分容易抱怨那個時代的嚴重社會不公正的人們的注意；他們要求提供更多服務 —— 哪怕還不了解那些業已存在的服務專案。這常常會導致重複設置。

　　擺在我們面前的真正問題是，我們是否允許我們的經濟困難和我們的機構無效率問題去挫傷我們的文明的健全而理想的發展進程。就像我所看到的，我們的社會目標應當激勵我們去克服這些問題。

　　兩項剛剛提出來的針對社會事務的特殊計畫實際上對目前和未來的美國文明的各個方面都產生了影響。我國公民當中 90% 人的生活 —— 指的是所有那些不得不投入職場而非高投資謀生的人們 —— 都關注著失業的可能性（即便他們目前幸運地就業了）以及年老時需要外部援助的可能性。到目

前為止，大眾對尋找解決之道還不怎麼關心，這首先是因為作為一個年輕的國家，我們有未開發的資源，其次是因為社會科學仍舊處於襁褓狀態，直到近期，貧困、飢餓和物質匱乏在很大程度還被看作是必然的和不可避免的罪惡。

有必要簡要回顧一下當前的形勢以便清晰明白地說明我們尋求去補救的是什麼事物。我們能夠而且必須從全國的角度來思考問題，因為每個州與每個地區面對著同樣的事實，且受到所有其他州和地區的影響。一個很好的例證是發生在1929 年的事情。當位於底特律的汽車工業將地方工廠中的成千上萬名工人解僱時，其中的 4 萬名工人來到紐約州尋找工作 —— 這是一場橫跨大陸將近三分之一路程的大眾運動。今天，因為我國已經大大地工業化了，所有社區都能非常明確地感受到關閉 10% 的工業企業所產生的影響力。

現在人們可以明顯地認知到 1928、1929 年騙售給美國的新經濟理論的荒謬。與所有的理論說教不同的是，這種理論認為只要高薪資繼續存在，伴隨著處理產品的銷售活動的強大壓力，人們就可以在更大的範圍內獲得工作機會。如果所有人都能夠獲得工作並賺取豐厚的薪資，那麼所有這些產品都能銷售出去並收到貨款。這樣，1930 年時，如果合眾國的每個家庭擁有 1 輛汽車、1 臺收音機，那麼到 1940 年時每個家庭就需要 2 輛汽車，2 臺收音機，到 1950 年時每個家庭就

第六章　我們的確進步了嗎

需要 3 輛汽車，3 臺收音機 —— 過去那種陳舊的飽和經濟理論被徹底拋棄了。沒有認知到古老的供需關係規律就是犯罪；而政府官員們的慘狀，以及傑出的金融家們篡改資料以故意歪曲事實的做法是更大的犯罪。但許多工業部門中 12-15% 的工人失業時，告訴他們說，不論何種純粹的心理原因可能會妨礙生產進度，但就業情況實際上回到了正常水準，這對他們而言既不真實也沒有用處。

事情的真實情況是，我們處於經濟週期的另一個機遇期當中，生產在很多方面已經超過了消費。我們的出口急劇下滑也加重了國內危機。在這裡，探究其原因是不合時宜的。

接下來，我們必須思考最近的生產和銷售進程的影響。所謂的效率方法的結果是，有效就業的最高年齡不再是 65 到 70 歲，而是已經下滑到 45 到 50 歲。儘管可喜的是，這種情況尚不普遍，但是越來越多的大僱主一直以來只僱用年輕人和婦女，而裁員的時候，年齡較大的官員就成為首先被解僱的對象。這意味著，僅僅在幾年前人們還普遍認為 70 歲才屬於老年人問題，而今這個年齡提前了，數千位 50、60 歲人也被包括在內。這種變革在多大程度上歸因於最近的多災多難的歲月不得而知，但這並沒有改變這種可能性 —— 變革將會進一步繼續下去。

總結一下目前的形勢，我們面對著高度複雜的問題 ——

失業人員和老年人物質匱乏正日益交織在一起，解決一個問題就必須解決另外那個問題，政府的援助必須依照科學的經濟規律進行，而不應當受到仁愛之心，或政治上歇斯底里的結果的干擾。

過去和當前的情況都表明，作為一個國家，失業問題將一直伴隨在我們身邊，隨著經濟週期的變化而發生變化。為了至少部分地輾平經濟週期中的高潮和低谷，某些趨勢和階段在不同地區以及不同工業部門正被勾勒出來。比如，這個趨勢顯然是朝著每週工作五天這個方向發展的。這意味著更多的人會找到工作，或者說，至少會有更少的人被解僱，而且這場運動也朝著每天工作時間更短的方向發展著。

然後，我們使這場運動朝著對工作進行更好的規劃，就是所謂的辛辛那提體系方向發展，該體系保障工人有一個明確的工作期，比如說每年他或她會被僱用 48 週。與這項規畫相適應的是工作飄忽不定，不同的工業部門之間要進行合作，在大蕭條時期加快公共設施和私人設施的建設步伐。

有意思的是，事實上，每個州政府都已經認知到形勢的迫切性，並且都採取了果斷行動。比如，1930 年時，紐約州議會給身為一州之長的我撥款 9,000 萬美元用於公共工程建設，比 1929 年增加了 2,000 萬美元。而紐約州的各市政府和郡政府在公共工程方面的投入總量也增加了四成。但是，這

些都是緊急措施，在將來的失業時期不一定能期盼得到，因為地方政府的債務已經增加到令人吃驚，並且或許是危險的程度。

全國各地已經採取了一些更持久的補救措施。比如，在紐約州，我任命的一個由4位商人、1位勞工領袖和州工業專員組成的委員會就較大的工業問題進行磋商，並確立了透過在工業部門內部進行認真規劃以提供更穩定工作的原則。可是，所有這些研究和計畫都面臨著缺乏統計資料和事實依據的問題。例如，人們相當準確地知道多少人就業了，但卻非常含糊地知道多少人失業了。這是政府和私人組織需要立即解決這個問題以便我們掌握關於失業形勢的全部真實情況。華盛頓高官們發表的聲明已經沒有信譽了 —— 儘管理解事實真相顯然是人民的權利。

進一步說，工業規劃雖然對於那些大雇主來說表現不俗，因為在某些情況下，在平常時期，這些大雇主可以提前一年或更長時間就能制定出他們的生產計畫，而對於那些小企業主或者那些只有一條生產線的人來說就不大可能了。

顯然，結論是顯而易見的。周密的計畫、較短的工時、更完整的事實依據、公共工程和其他十幾種緩解措施將在未來減少失業，尤其是在工業蕭條時期，但所有這些加在一起並不能消除失業。在我們未來的歷史中或許真的會有這樣的

時期：出於經濟或政治的原因，我們可能不得不經歷幾年的艱難困苦，苦難紛至遝來。就像過去那樣，在這些時期，我們會遇到新的就業「事件」。比如，在風格上的變化 —— 人造絲綢取代了棉紡織品，或者隨著動畫和有聲電影的出現，大蕭條的情形出現在了話劇領域。還有，我們將會擁有堪比汽車的出現那樣的新發明，並進一步喪失了國外市場。這當中的有些變革是能夠預測的，而有些則沒辦法預測。未來應對這些變革，某種形式的表現看來是唯一的選擇。

在美國，我們將看到失業保險的出現，就好像我們一定會看到因工傷要付給工人賠償金一樣。同樣確定不變的是，今天我們正處於為老年人提供保障的時期。

90% 的失業的責任完全不在工人身上。其他國家和政府已經採取了不同的制度，以在失業來臨時保護他們的工人免受傷害。我們聯邦的 48 個州為什麼要害怕去承擔起這項任務呢？

當然，我們必須抵禦兩種重大危險。失業保險一定不能因為心存僥倖或欺騙性圈套而變成純粹的鼓勵懶惰行為的失業救濟並使自己的目標過於失敗。在制定失業保險制度時應當有可能劃定一條嚴格的界線以防止任何男人或婦女拒絕接受所提供的職務，也應當有可能改變就業形勢 —— 任何個人在某個時間內無法找到工作的時間不多超過兩個或三個月。

第六章 我們的確進步了嗎

另外一個危險是，這裡會有一種用政府的收入來支付失業保險費用的傾向。顯然，失業保險必須被置於保險統計的基礎之上，而必須工人自己來支付保險費用。理想的情況是，一種精心設計的失業保險制度應當是自給自足的，並且對日常的即時資料和法律進行縝密而明智的研究將使所有這一切成為可能。

州際失業保險委員會應我的要求，於 1931 年初就失業問題提交給州長會議的報告中所提出的建議值得在採取行動時遵照執行。這個委員會由地步七個工業州中的六個州的代表組成。這六個州是紐約州、俄亥俄州、賓夕法尼亞州、紐澤西州、麻薩諸塞州和康乃狄克州。

他們所指定的計畫是合情合理的，並受到縝密的保障。該委員會將就工業運行的非正常情況做出規定，並鼓勵工業正常運轉，保護工人們的士氣和自尊，這些對一個民主國家的公民來說是必要的。它與所有歐洲計畫有著明顯的區別 —— 它明確避免將儲備金與救濟金混合起來的做法，建議每名雇主的付款額應包括他的儲備金，這筆錢將不會轉變成公共資金。

每個雇主的付款額累計將會占到其薪資的 2%，當每名雇員累積起來的儲備金超過 50 美元時，每名雇主的付款額所占其薪資的比例將減少到 1%。最高收益將為每週 10 美元，或

一名雇員薪資的 50%，不論薪資有多低；最高收益期是任何 12 個月中的 10 週時間。每名雇主的付款額將包括他的公司的就業儲備金，這筆錢也不會追加到公共資金裡面去。建議成立由 3 名成員組成的失業管理處——1 人代表勞工，1 人代表工業，1 人代表大眾。

建議指出，各州應採取果斷措施擴大其公共就業服務的範圍，因為如果沒有一個組織嚴密、運轉高效率的就業交易制度，任何失業保險制度都無法達成其目標

失業委員會需要鼓勵公司於工業之間採取合作行動，因為任何一個獨立的公司也無法執行為達成更加穩定的目標而採取的最有效的措施。

該報告就建議由雇主為基金貢獻力量這個問題列舉了兩點理由：第一，「依據我們的判斷，雇員不應當被要求透過支付儲備金來進一步減少其收入；」第二，「根據這項計畫，雇主的金融責任將成為盡可能有效地防止失業的持續推動力量。」

根據該建議，每名雇主的付款額將構成其公司的失業儲備金，且這筆錢不會追加到公共資金裡面去。該報告希望透過這個建議來避免那些「即使是有同情心的歐洲實踐活動的批評家們都普遍承認具有不幸後果的」事情。根據該報告，當這個共用系統投入使用時，「失常的工業部門就能夠從公共資金中為他們的失業工人索取利益，這樣就可以將他們自己

的失業責任與費用轉嫁到運行更穩定，更有利可圖的工業部門中去。這樣一來，當由於管理粗放或疏於管理，或者沒有為將來採取適當的預防措施而導致失業狀況出現時，這項儲備金就會產生使那種非經濟實踐活動永久化的作用，可能又沒有提供使其經營活動正常化的推動力，而這種推動力正是許多失業保險的宣導者所希望看到的。」

我覺得，這些建議是可行的，與那些行動的本質一樣簡單，應當認真加以對待。

隨著老年人保障計畫在紐約州已經初具雛形，成為了法律並開始進行運作，儘管還面臨著金融困難，但在我看來，我們必將沿著社會事務的軌跡繼續取得進步。令人吃驚的是，在一個相對較短的時間內，人們的思想發生了多麼深刻的革命啊，因為在 20 年前，當我們中的一些人審視政府責任的過程中，除了嘲笑或者理解外，什麼都沒有。

今天，老年人保障問題合乎邏輯地且不可避免地與整個失業問題連繫在一起，我們可以為此做一些事情，這些事情是不容置疑的，不需要進行長時間爭論。每個人都知道，當年老的男人和女人們不再能夠靠工作老養活自己時，他們就進入到失業族群的行列當中 —— 就如同他們是工業解僱行動的犧牲品那樣。唯一的區別是，他們之被解僱是永久的而不是暫時的。

當然不可避免的是，這些問題是以零敲碎打的方式逐一解決的。比如，1930 年，紐約州通過了老年人保障法，該法只是朝著更大的問題邁出了一小步。這部新法律只適用於 70 歲以上（含 70 歲）男人和婦女，但該法所依據的理論是正確的：對於那些慈善家們來說。從長遠看，在經濟蕭條年代生活在他們自己家裡比將自己變成機構的居民要更便宜、更舒適。

紐約州的法律沒有深入到老年人問題的真正根源。該法沒有建立起屆時必定會成為一項紐約州、工人們，可能還包括雇主們都將出資建設的保險基金的發展機制。目前該法的經費構成是，由紐約州和該州所屬各郡各出一半。這種做法對於應對那些現在需要幫助的人們的緊急需求可能不失為一條不錯的權宜之計，但是必須是該法的適用範圍更加廣泛，明確排除州和郡的援助，並建立起一套保障制度，據此制度，工人們身為個人在最初的時候，也就是他或她開始成為社區中的受薪階層時就已經成為一個真正的組成部分。

必須毫不含糊地面對這些社會形勢。可以把保險原則制定成為應對失業的基本問題以及老年人的需求。這是合乎情理的商業建議。如果建議地方和州政府未來應當向那些需要的人們發放養老金或救濟金，那就更加匪夷所思了。

不同的州必須尋求解決這些問題的辦法。他們應對這些問題的方式方法可能不同。但是，這是我們的 48 個分離的、

第六章　我們的確進步了嗎

不同的主權州所構成的體制的偉大優勢之一。毫無疑問，有些州將比其他一些州取得更大的成功。但是，我們可以透過比較和思想的交流進行學習。以前幾乎沒有思想的交流，但從今以後必定會出現積極踴躍、充滿智慧的思想交流活動。

第七章
農業的問題在哪兒

第七章　農業的問題在哪兒

　　社會事務通常總是和那些在擁擠的工業中心本著仁愛之心從事的工作連繫在一起。過去，在這些相同的環境中，在與事實完全不符的情況下將各項恢復經濟平衡的計畫制定出來。工業文明以及機械化進步的輝煌成就已經難以讓人們記得：我國人口中有三分之一是依靠小麥和棉花來維持他們的生計和購買力的。

　　我們都承認，沒有哪個單獨的因素能夠靠自身來達成全國各地農業人口的繁榮。就我個人而言，我知道這點有四方面理由。我在紐約州的農場裡生活了 50 年；我在喬治亞州經營一個農場長達 8 年之久；自從我參與大眾事務以來，一直堅持在全國各地旅行，這樣做使我對全國各地的農業問題保有實際的、直接的興趣；最後，身為紐約州州長，農產品現在在各州中位居第五或第六位，我在 4 年裡一直致力於制定一項農業計畫。

　　為了避免重複我曾經在前面幾章中提到過的某些細節，我必須舉些例子來說明該計畫的制定情況。現行的各地方社區的徵稅責任已經減輕到每年 2,400 萬美元。州政府給公路的援助以里程數而不是以繳稅額為依據進行重新分配，以便使農業社區在改善其砂石路的狀況時享受到與賦予較富足的城市社區的權利完全一樣的權利。同樣的援助原則也適用於農村學校。紐約州承擔著修建和重建農村高速公路體系內的

公路的全部費用。除了廢除了一小部分路面平面交叉的公路以確保不太幸運的和更加幸運的社區的安全外，紐約州支付了所有開支。增加了用於保障農村衛生狀況的撥款數額。像我在關於土地使用的評論中詳細講到的，土壤調查工作已經展開。除此之外，關於農業生產方面合作公司和與運輸問題也經過修正，使之更符合農民的利益。實施了立法以創建一個新的農村貸款機構體系，應對因農業銀行倒閉引發的緊急形勢。

雖然這些措施當中的大部分都是可以在幾個州之內實施的緊急措施，但是應當把這些措施看作是為了使聯邦政府必將採取的更大範圍的行動取得成功而做出的貢獻。

我認為沒有必要詳細地討論美國人民發覺自己所遭受的苦難。他們得到的價格很低，或者說是合眾國有史以來最低的。經濟轉型意味著 650 多萬個農業家庭將處於陰影的籠罩之下。這些家庭占美國總人口的 22%。1920 年時，他們的收入占全國收入的 15%，1925 年為 11%，1928 年大約為 9%，而最近根據美國農業部所提供的資料進行估計，農業收入已經下滑到了約 7%。

位於我國邊疆內的 5,000 萬名男人、婦女和兒童直接關係到農業的現在和未來的命運。另外五、六千萬名在我們的大大小小的社區從事商業或工業活動的人們最後終於認知到這樣一個簡單的事實：他們的生命和未來也與農業的繁榮

深刻地連繫在一起。他們越來越清楚地認知到，如果他們的5,000 萬名直接從事農業生產的美國同胞如果無法獲得購買力以購買城市產品，他們就沒有出路。

　　我們今天的經濟生活是無縫的大網。不論從事何種工作，我們都不得不承認雖然我國有足夠多的工廠和足夠多的機器以滿足我們的全部需求，但是，如果 5,000 萬人的購買力依然有限或喪失了其購買力的話，這些工廠過些時間就會被關閉，這些機器也將會停工。

　　如果我們回到問題的根源，就會發現對農業而言，是缺乏平等的問題。農業在我們的經濟體系中甚至沒有任何進步。我們的農民用於購買生活必需品的費用比 1914 年前增加了 9%。他們銷售東西的所得則比 1914 年前減少了 43%。這些由農業部於 1932 年 8 月 1 日確認的資料顯示，按等比計算，那個時期的農業收入還不到第一次世界大戰前的一半。

　　這意味著要找到一項補救措施，以改善農民的處境 ── 這種處境迫使農民在 1932 年時要用兩貨車產品才能換回 1914 年時一貨車就能獲得的東西。

　　過去這 12 年間還存在兩個不可否認的事實。其一是最近的三屆聯邦政府沒有從全國的角度完全了解農業問題，或者就農業救濟問題進行規劃；其二是他們發布了從福德尼 - 麥坎伯關稅法（the Fordney-McCumber tariff）到格倫迪關稅法

（the Grundy tariff）的一系列關稅法，這些稅法違反了國際貿易的基本原則並迫使世界其他國家進行報復，因而破壞了可出口我們的剩餘產品的外國市場。

在這個問題上，我忍不住要表達我的震驚之情：面對著這種報復行動 —— 從格倫迪關稅法成為法律的那一天起就是不可避免的，而且國內外所有出色的觀察家都預見到了這點 —— 聯邦政府沒有採取甚至沒有提出任何對此事進行處理或減輕其後果措施。對於當前要採取的行動我將直言以諫。但是，我們先暫時停頓一下以便從更長遠的角度思考永久性農業救濟問題。稍後我將從短期角度探討這個問題。我建議採取下列永久性措施：

第一，為了達成建立國家農業規劃方案這個目標，必須對農業部進行重組。該部已經做了很多有益的事情，根據我對政府運作方式的充分了解，我知道一個部門的發展經常是超常規的、偶然的。增加一個部門通常很容易，因為部門的增加意味著工作機會的增多。特別是對農業部來說，削減不必要的職能、清除沒有用的工作並使日常活動進行重新調整，使其朝著更富有成果的目標前進，這是必須且即將開展的工作。

第二，實施規範土地使用問題的明確政策。

第三，減少農業稅收，並更加公平地分配他們的負擔。

第七章　農業的問題在哪兒

這三項目標是那種需要緩慢發展才能達成的目標。它們構成了一座不可或缺的未來大廈。

為了應對當前的困難問題必須接受快刀斬亂麻療法。迫切需要為農場抵押提供更好的金融環境以便使他們從高額利息負擔中解脫出來，並擺脫喪失抵押贖回權的風險。上屆國會做了許多工作以擴展、分解，並將一部分鐵路、銀行、公共設施和工業的債務轉給聯邦政府。按理說，城鄉住宅融資問題上確實採取了某些措施。但是，事實上，在免除農場住宅的債務威脅方面什麼都沒有做。

我的目標是，使盡我的渾身解術制定明確計畫以緩解農民的困難；具體而言，我準備堅持提出將聯邦貸款擴展到銀行、保險公司、信貸公司或在其資產中持有農場抵押的公司；申請這些貸款的條件是：為了防止損失抵押回收權，要給予抵押人一切合理的援助。較低的利率和延展基本還款時間將使數千農場主保住他們自己的農場。與此緊密連繫在一起的是，我們必須給予那些已經喪失了其農場所有權 —— 他們的這些農場所有權現在被一些正謀求獲得政府機構貸款的機構所持有 —— 的人們將其財產拿回來的寶貴機會。

作為對農業進一步實施直接援助的舉措，我們應當廢除那些迫使聯邦政府進入市場去購買、銷售農產品以及利用農產品進行投機活動，徒勞地減少農業剩餘產品的法律規定。

我們應當制定某種農業生產規畫，減少過剩產品，並在將來不必再去依靠到海外去傾銷那些過剩產品以支援國內農產品價格。其他國家已經做到了，美國為什麼不能呢？

另一件迫切需要做的事情是，透過政府努力以找到一種方法，從根本上縮小農民所銷售東西的價格與他們所購買的東西價格之間的差別。糾正這種不公平現象的方法之一是透過重新調整關稅來恢復國際貿易。

這種關稅政策在很大程度上包括與各個國家達成的談判協定，這些協定准許她們將產品銷售給我們，反過來允許我們將我們生產的產品和作物賣給她們。有效利用該原則將使國際貿易流動得以恢復，而這種流動恢復的第一個結果將是大大地幫助美國農民處理其過剩的產品。但是，人們也承認，直到國際貿易完全恢復時才應採取這些措施 —— 這意味著需要一些時間，因為在數年內我們尚不能實施新的關稅法 —— 我們必須想方設法使農民得到實惠，使他們在最短時間內與受到保護的製造商一樣從關稅法中享有同等的實惠。農民們用一個詞表達了這個意願：「我們必須使關稅法發揮效用。」

過去幾年來，為了達成這個目標已經制定了不少計畫。可是沒有一個計畫付諸實踐。環境非常複雜，沒有哪個人會明確保證說，某項計畫適用於所有農作物，或者說每個計畫

第七章　農業的問題在哪兒

在與某種單一作物的關係上要優於另外一項計畫。有一個事實我想竭盡全力地搞清楚。我們沒有理由僅僅因為某些人在所有這些計畫中找到了毛病，或者因為有些負責任的領導人廢棄了其中的某些計畫，轉而支持新的計畫就感到灰心喪氣。許許多多人曾經從各個方面對這個問題進行過深入研究和認真調查，我認為這個事實是保障的基礎而不是悲觀失望的緣由。我們已經累積了大量資訊、探討過眾多可能性，許多傑出人士參與其中，而更重要的是，農民自己在這項課題方面受到深刻教育，這樣一來，那些從一開始就關注著這種發展趨勢的傑出的、思想卓越的領導人現在則將其注意力集中在這個問題的基本方面，集中在其解決城市的實際本質上，並準備將此事推行下去。這個時刻已經來臨。

在過去這一年裡，我們的許多工業家已經得出了這樣的結論：自從我們的出口貿易出現大幅下滑以來，工業振興的主要希望寄託在採取一種可行的重要方法應對農產品過剩問題上。現在，就某些計畫展開試驗以將該關稅法付諸實施，支持這種做法的聲音在全國各地隨處可聞。

我的目標是，調解這些不同計畫中的相互矛盾的因素，整合對這個問題進行長期研究與思考所取得的成果、協調各種力量以終止那項協定，這樣做就可能收集到一項不同、旨在恢復農業與其他產業同等經濟地位政策的細節。

目標是清晰的。要求也是明確的，就是使在美國消費的那部分農產品從關稅法中擁有均等的，足以使美國農民獲得足夠高價格的利益。

大多數理性的農業領導人對該計畫的具體細節已經表示贊同。在我看來，這些細節包括：

該計畫必須為大宗過剩產品的生產者提供生活必需品，如小麥、棉花、玉米（以豬肉的形式）和菸草，高於世界價格的關稅收益與關稅法給予工業產品的收益等同，必須實行有差別的收益形式，以便使農業收入購買力和償債能力的提升不會刺激進一步生產和額外的生產活動。

該計畫必須自籌資金。農業過去任何時候都不曾、現在也沒有尋求進入公共財政的途徑，徒勞而代價高昂地嘗試著由聯邦農業委員會來穩定價格。該計畫只希望實現機會和生產工業關稅均等。

這項計畫絕對不要採用任何導致我們的歐洲消費者以傾銷為由進行報復的機制。該計畫必須以使關稅發揮效用為出發點，且要對其運作進行監督指導。

這項計畫必須利用現行的機構，並且要盡可能集中於其行政部門內以便讓我國的地方政府機構而不是華盛頓的官僚機構承擔起確保計畫好的成果的主要責任。

　　這項計畫必須盡可能在合作的基礎上進行運作，其影響必須提升合作運動水準，加強合作運動。而且，該計畫應當是委託性的，一旦緊急狀態過去了，正常的國外市場重新建立起來，就可以撤銷之。

　　這項計畫必須盡可能是自願性質的。我讚賞這樣的觀點：只有贏得一大部分出口商品製造商的支持（該計畫就是應用於這些商品的）時，才能將此計畫付諸實施。必須進行精心整合以確保參與者都能分享其利益。

　　在我看來，這些都是一項可行計畫所必須具備的細節。毋庸置疑的是，在確定如此重大問題的解決方案的必要細節時必須群策群力、同心同德。這種合作必然來自那些對農業問題已經具有了最廣泛的實踐經驗的人，來自那些對我國農民充滿最大限度的信心的人。我無論如何也不想逃避責任，而會盡我所能提供全方位的協助。我對這項解決方案充滿信心，因為在我國經濟史上，該法案的具體細節是一目了然的。

第八章　電力問題

第八章　電力問題

公共利益領域蓬勃發展的電力問題指的是，給美國工業提供豐富的，更廉價的電力，降低電費，增加數百萬城鄉家庭的用電量——至於我們的水電資源的保護、水災防治、土壤改良與灌溉等就不多加贅述了。美國人民恰當處理好這個問題意義重大。

我們一開始就要明確記住，除非涉及到多數人的更重大的利益，個人從事其商業的自由是不應當被剝奪的。政府的目標不但是要保護好少數人的合法利益，而且要維護多數人的福利與權利。這是在考慮任何問題是必須要記住的原則。我認為這是健全的政府應考慮的問題，而不是政治問題。這些是政府履行服務職能必須具備的基本條件。

電力問題經過非常複雜的討論，其所使用的術語只有律師能夠理解，其所使用的資料只有會計能夠理解，以至於有必要使這個問題回歸到簡單王國當中，使用可以讓數百萬公民理解的樸實的術語。

這點非常正確，因為我們不但缺乏資訊，已有的資訊難以理解，而且如同聯邦貿易委員會所顯示的，我們在過去這些年裡一直處於一個系統的、精心策劃的、別有用心的和無原則的資訊誤報、虛假宣傳以及謊言與錯誤——如果我可以用這樣的字眼的話——的運動中。

某些大型公共設施公司已經為這些資訊的擴散付出了代

價。這種情況已經蔓延到學校、報紙的社論、政黨的活動以及書店裡的出版物當中。

一項錯誤的公共政策透過這一途徑，透過使用各種方法，已經從無辜的學校教師擴展到比他們更無辜的其他人。

讓我們回到這個問題的開端去。什麼是公用事業？讓我把你帶回到 300 年前英國的詹姆斯國王時代。詹姆斯國王統治時期因為許多重大事件，特別是其中的兩件事才為人們所銘記：他使我們有了聖經的偉大的英譯本並開創了偉大的公共政策的先河。那正是莎士比亞創作的時期，也是英國定居詹姆斯城的時期，就是在這個時期，英國的旅行家們喊出了大眾的心聲——這些旅行家想要靠渡船穿越更深的河流。

顯然，這些被用來將兩邊的高速公路聯結起來的渡船被局限在具體的一些點上。因此，他們在其本質上是壟斷性的。

渡船操作手因為其特權地位而有機會向他們所搭載的任何交通運輸工具收取費用，而糟糕的服務品質和高額的費用影響很壞，迫使很多貿易和旅行活動陷入長途迂迴之境，或者處於試圖涉水穿過這些河流的危險中。其中某些渡船主的貪婪則使得這個公共問題存在了許多年之久；到了黑爾勳爵時代，這位偉大的首席大法官提出了一項公共政策宣言。

這位法官說道，渡船業與其他行業具有很大的差別；事實上，渡船業具有公共性質，而收取高額費用就是對公共使

第八章　電力問題

用設置障礙，提供良好的服務時一項不可或缺的公共責任。

黑爾勳爵說，「每條渡船都應當接受公共管理，也就是說，要在適當的時間出航，案適當的順序派出渡船，並收取合理的費用。」

黑爾勳爵用這些樸實無華的話定下了一條標準，至少從理論上講，這條標準從那天起直到今天一直是關於政府處理公用事業方面的權力的普通法的定義。

隨著文明的進步，具有壟斷性質的其他許多必要方面諸如鐵路、有軌鐵路、輸油管以及天然氣和電力的分配等都被添加到公共設施的名錄中來。這條原則為人們毫不動搖地接受並成為我們的政府理論的基本組成部分。

下一個問題就是如何確保這種服務既令人滿意，又十分便宜，同時使新興資本的安全投資成為可能。

兩個多世紀以來，對大眾的保護都是透過立法行動實現的，但是，隨著各種公共設施不斷投入使用，不得不提出一種更便捷，更直接，更科學的方法 —— 一種我們所知道的、由公共服務或公共設施委員會控制和管理的方法。

說得明確些就是，我不反對透過公共服務委員會進行控制的方法。這是人民自己保護其利益的正當途徑。但是，事實上，在許多方面這種方法已經背離了其正當的行動範圍，

同時也背離了其責任理論。不可否認的事實是，在我們的現代美國的實踐中，許多州的公共服務委員會常常無法達到崇高目標。很多時候，公共設施公司自身就獲得了這些公共服務的選擇權。這些公司經常影響到公共服務委員會的行動，這損害了大眾的利益。而且，有些委員會目的明確地或完全由於慣性接受了一種與其原始目標 —— 這些委員會就是為了達成這些目標才創立的 —— 截然不同的關於其責任的理論。

比如，當我成為紐約州的州長時，我發現該州的公共服務委員會已經接受了這種缺乏依據的不合理觀點，即認為該委員會的唯一職能就是在大眾和公用事業公司之間充當仲裁者或法官的角色。

我因此提出一項會在英薩爾（Samuel Insull, 1859 ——1938，美國公用事業巨頭，1892 年出任芝加哥愛迪生公司總裁，他在美國中西部的龐大持股公司企業在 1930 年代的大蕭條時期崩潰 —— 譯者注）們以及其他類似的巨頭當中引起恐慌和騷亂的原則。我宣布，公共服務委員會不僅僅是一個只是充當滿腹牢騷的消費者或投資家與大型公共設施體系之間的裁判員。我宣稱，身為議會的代理人，該委員會有權充當大眾的代理人；它不僅是人民和公共設施之間的制裁者，創立該委員會的目的是要督促公用事業部門做兩件事請 —— 提供服務並收取合理的費用。我告訴他們，在履行這項職能

時，該委員會必須主動承擔身為大眾代理人的責任，同時應大眾的請求去調查與服務和規定相關的公用事業部門所採取的行動，並提供充足的服務，收取合理的費用。

管理委員會一定是人民的保護人，將其土木工程、會計和法律資源都用在刀刃上，並公正地對待公共設施的消費者和投資家們。這意味著要積極主動地使大眾免受個人的貪婪之苦。

我們對這種簡單明瞭的管理理論已經談論很多了 —— 今天，違反這種理論的人比遵守它的人更加受到人們的推崇。

現在我來談談另外一項原則。該原則儘管被許多公用事業公司，並且恕我直言，也被我們的許多法官弄得含糊不清，但是從根本上講，該原則還是簡單明確的。這些古老的、詹姆斯王朝時期的渡船在政府的控制與管理下被迫提供了優質的服務，並靠他們的勞動和財產換回了公平的回報。但是在今天，公用事業已經為他們自己找到辦法來賺取無節制的、過高的利潤；他們賺取的錢甚至 10 倍於他們的投入資金，這使其設備過度資本化。

過度資本化的情況不需要提供任何詳細的統計資料來加以證明。我只想讓你們記住一些與此有關的事實。去年在參議院，諾里斯參議員在一次講話中根據聯邦貿易委員會提供的事實，用確鑿的資料指出了許多公司過度資本化的情況；在總結這次討論時，他還指出，粗略算來，這些主要公用事

業公司被發現已經將 5.2 億美元資金高度資本化了。

這表明，合眾國的人民被要求去依照虛股的數量提供利潤。這意味著有些人正從資本化中獲得利潤，而實際上他們並沒有真正投入資金。這意味著人民不得不透過更高額的費用來支付這些不公正的利潤。

正如諾里斯參議員所言，「只是試圖去理解這意味著什麼。根據僅僅是部分地完成的調查的結果，聯邦貿易委員會就已經揭露了『資產帳面價值非法增加』的情形……人民必須一致為此支付利潤……除非公共權力機構發生了變化，否則人民就得永遠支付下去。」

我們稍微思考一下美國的公用事業在我們的經濟生活中所具有的重大意義 —— 在這方面，我沒有將鐵路和其他運輸公司涵蓋在內。1931 年，公用事業產業從電力、天然氣、電話和電報的使用中就收穫了 40 多億美元。這意味著合眾國的每個家庭平均支付了 133 美元。

根據這項產業自身的資料，美國大眾在公用事業領域投入了將近 230 億美元，這還不包括對鐵路的投入。股票市場於 1929 年崩潰之前的 5 年期間，這筆資金當中有 80 億美元投向了電燈和電廠。

將這個數字與投資於鐵路的 110 億美元、農場抵押的 90 億美元以及合眾國自身的國債 —— 國債數額要略低於對公用

第八章　電力問題

事業的投資 —— 比較一下，你就會很容易地發現，合眾國的這個「身強體壯的孩子」需要非常嚴密地處於其父母，即人民的監督之下。

但是，這項資料並無法衡量出電力在我們當前的社會秩序中所具有的重要性。電不再是奢侈品，而是明確的生活必需品。它照亮了我們的家、我們的工作場所、我們的街道，它使我們的交通運輸和工業的車輪滾滾向前。

電力能夠使家庭主婦從單調的工作中解脫出來，並大大地減輕了農民肩頭的負擔。但是還沒有做到這些。在我們家裡，我們的農場，我們在電力使用方面是落後的。加拿大平均每個家庭的用電量是我們美國家庭的兩倍。是什麼因素阻止我們去利用這種偉大的經濟的與人類的力量呢？

這不是因為我們缺乏未開發的水利資源或未探明的煤炭和石油資源。我們不能利用我們自己的可能性的原因是因為，控制電燈和電力工業的自私利益已經使人們的目光短淺，無法制定足夠低廉的電價以鼓勵大眾廣泛地使用電力。你所支付的公用事業服務的價格在你使用這種服務時是決定性因素。

為國內消費者提供低廉的價格將使他們比現在更多地使用電力設備。

由於忽略了州的資金以及聯邦政府的作用，我們已經使

許多公用事業公司鑽了普通法的空隙，使其自身資本化了，而沒有考慮到財產的實際投資就透過控股公司積聚資本，並且在不受法律限制的情況下出售了數十億美元債券 —— 大眾被錯誤地引導著相信，這些債券受到政府自身的有效監管。

「英薩爾帝國」的崩潰已經就此為我們提供了鮮活的例證。龐大的「英薩爾怪物」有一批控股和投資公司組成，對數百個公司行使著控制權。它在成千上萬個投資者當中分配債券，並將他們的錢達到 15 億美元。英薩爾組織發展成為數百萬人民生活中的重要因素。那時的投資大眾並沒有像現在這樣認知到，建設這些控股公司時所使用的方法是與所有合理的公共政策完全相悖的。他們沒有意識到，這裡存在著武斷的憑空誇大其資產數量，龐大的資本帳戶膨脹起來；他們沒有意識到，他們已經為所獲得的財產支付了過高的價格；他們沒有意識到，資金籌措活動已經被資本化了；他們沒有意識到，支付的紅利來自於資本創造的利潤。

他們沒有意識到，有些子公司受到層層剝削以養活這個龐大鏈條中那些較脆弱的姊妹們。他們沒有意識到，在全部組成部分之間存在著借用和貸出，資產、債務與資本的相互交換活動。他們沒有意識到，所有這些都是這些公司收取令人恐懼的高額費用的必要條件。

英薩爾的崩潰開闊了我們的眼界。此事表明，這些金融

第八章 電力問題

怪物發展最終會被迫走向崩潰；這些活動受到姑息縱容預示了鐵路投機年代的情形；私人對市場的操控要比動作遲緩的政府權力部門更加機動靈活。

像往常一樣，大眾一次又一次地支付高昂的費用。像往常一樣，同樣還是這些觀眾在受到欺騙後開始理解到改革的必要性。

美國人民的新政可以非常肯定地適用於以電力公用事業為一方，以消費者與投資者為另一方之間的關係。

真正的管理是為消費者和投資人謀得均等的利益，而唯一會受到真正的管理之折磨的人是投機者或者不擇方法的推銷商，這些人從購買服務的人和將其積蓄投入到這個龐大產業的人那裡徵收同樣的貢金。

我想要保護消費者和投資人。為了達到這個目的，我建議——就像我過去曾經建議的那樣——採取政府對參與電力行業的公用事業公司以及與此相關的公司和商業組織繼續管理和控制問題提出如下修正措施：

1. 完全公開所有股票、債券和其他有價證券，負債與債務、資本投資等資本問題的資訊，並及時公布關於總收益與淨收益的資訊。
2. 公開股票、債券和其他有價證券，包括所有理事和董事的股票和其他收益方面的資訊。

3. 公開所有關於相互控股公司的合約、服務和電力交換方面的資訊。

4. 聯邦電力委員會負責對控股公司的管理域控制，且要公開控股子公司的全部資訊。

5. 聯邦電力委員會要與幾個州的公用事業委員會進行合作，獲取對這些公用事業進行管理和控制的相關資訊和資料。

6. 僅依據穩健投資原則對股票、債券和其他有價證券的發行進行管理域控制。

7. 依法廢除費用再生產的價格制定理論，而將實際投資、穩健投資原則作為價格制定的基礎。

8. 印製或散布與公用事業有關的錯誤的或欺騙性資訊將被視為犯罪行為。

如果將個人和政府的基本權利銘記在心的話，就會清楚地發現，透過政府自身的電力資源和電力生產才使政府與發展保持著合理的關係。我並不贊同那些宣導由政府擁有或經營所有公用事業的人們的想法。作為一項廣泛的普遍原則，除了某些例外情況，公用事業的發展應當一直是私人資本的一項職能。

但這些例外情況也就有重大意義，地方、州和國家，而且我認為我國絕大多數人民都會同意我的想法的。

我們必須再次回到第一項原則上面來。某種公用事業在

第八章　電力問題

大多數情況下就是一種壟斷，而不論怎麼說，政府在任何情況下都可能依靠檢查、監管與管理方法確保大眾受到公平對待。換句話說，就是確保以合理的價格獲得充分的服務。

因此，我提出如下原則：某個社區和地區對每個民營公用事業公司所提供的服務和收入的費用不滿意，那麼，經過公平的公民投票表決後，作為政府的職能之一，作為其自治的職能之一，建立其自己的由政府所有和經營的服務是該社區或地區不可否認的權利。

聯邦的大多數州已經承認了這項權利。獲得所有州的普遍認可將加快更優質的服務、更低廉的價格這一天的到來。

我自己和每一個有頭腦的公民都完全清楚，任何一個享受著某家民營公用事業公司以合理的價格提供的良好服務社區都不會謀求建立或經營自己的工廠。但是，另一方面，某個社區經由選舉人投票就可以創建一個它自己的評判標準，這將在很多情況下確保其獲得優質的服務和低廉的價格。該原則也適用於所有社區。我將把此原則應用於聯邦政府和各州政府。

政府自身也應當能夠使州擁有的或聯邦擁有的電廠健康地發展起來。一旦如此發展後，商人資本就應當優先獲得在最優服務、最低價格的基礎上生產和分配電力，只可獲得合情合理的利潤。

國家透過其聯邦政府擁有對全國許多地方的大型水電資源的所有權。這當中僅有少數水電設施處於穩步發展狀態。還有一些僅處於規劃設計階段，而更多的則還沒有展開勘查工作。

　　我們已經承擔起了位於科羅拉多河上的博爾德大壩（Boulder Dam）的開發工作。該電廠由聯邦政府收購，50 年內以 4% 的利潤率收回政府投資。各州和市政府獲得了與這座電廠簽訂合約的優先權。在此之前很久的時候，我們承擔了馬斯爾肖爾斯的開發工作。我們在該專案上花掉了數百萬美元。1930 年國會開會期間通過了由諾裡斯參議員提出的旨在使馬斯爾肖爾斯專案由大眾來運作的方案。該法案遭到了否決。

　　聯邦政府還承擔了另外兩個重大開發項目。一個是位於西北部的哥倫比亞河開發專案。這座大型水電設施對於美國整個西北部地區來說具有無法計算的價值。一個是位於美國東北部的聖羅倫斯河開發專案。連同美國東南部的馬瑟爾肖爾斯（Muscle Shoals）和西南部的博爾德，我們將永遠擁有一種國家標準 —— 防止對大眾進行敲詐勒索，並鼓勵更加廣泛地使用人民的僕人 —— 電力。

　　作為這項政策的重要組成部分，天然的水電資源屬於人民的原則應當永遠有效。這項政策與美國自由一樣，與合眾

第八章　電力問題

　　國憲法一樣重要。只要我還是合眾國的總統，聯邦政府就不
得放棄其統治權，以及對電力資源的控制權。

第九章　鐵路問題

第九章　鐵路問題

公共事業的發展意味著國家的發展，尤其是當我們的經濟生活處於目前階段時尤其是這樣。例如，在建設西部的進程中，鐵路這項偉大的公共事業是決定因素。90 年來，鐵路已經成為在全國將我們所有人團結在一起的紐帶。

在這項事業的發展過程中，我們領略了傑出的英雄品格和信德；遺憾的是，我們也同樣看到了極大的不公正。當鐵路蜿蜒著首次橫貫西部平原時，它被視為是一項奇蹟，挑戰著人們的想像力。不幸的是，接下來的時期，一群沒有認知到巨大的大眾利益已處於危險狀態中的人控制著鐵路，同樣是這些人卻將鐵路看作是一隻章魚，它使他們的生活支離破碎，使他們的財產頻於枯竭。

但是那樣的日子過去了。鐵路已經成為服務於民眾的事物，很大程度地歸人民自己所有。這種鐵路的新型關係將指導我們對鐵路問題的考慮。鐵路最初是一項奇蹟，接著是一種險惡的威脅，如今已經成為我國經濟生活的一部分。我們現在關注的是鐵路的維護問題。

鐵路的問題是我們每個人的問題。沒有哪一種單一的經濟活動能像這些偉大的運載工具一樣如此深入每個人的生活。我們可以稍作暫停來檢驗一下這種利害關係的程度。

這個問題應該從個別男人和女人的角度去考慮。一條鐵路在其廣闊的領域內間接地影響著每一個人。它直接地影響

著三大族群。

首先，是鐵路的所有人。他們並非如許多人至今還料想的，是坐在豪華辦公室和俱樂部中的鐵路巨頭們。他們是遍布全國的擁有銀行儲蓄帳戶或保單，或者從一定程度上說，擁有一個普通支票帳戶的民眾。一些數字，儘管可能有些枯燥，但是應該講講。

鐵路債券有 110 多億 —— 事實上，這幾乎相當於美國政府債務的一半。將近 50 億債券歸儲蓄銀行和保險公司所有，這意味著數百萬的保單持有者和銀行儲戶擁有這些債券。

當你將錢存入銀行或者支付了一項保費，你就不自覺地購買了鐵路的股份。

有 20 多億的鐵路債券是由教堂、醫院、慈善組織、大學和類似的組織資助的。其餘的債券廣泛地分散於將畢生積蓄投資於這項標準的美國工業的民眾中。

甚至鐵路股票掌握也在遍布各地的擁有一些股份的小股東手中，如學校教師、醫生、推銷員和節儉的工人。鐵路金融方面的專家統計大約 3,000 萬名民眾擁有這個龐大的美國企業的股權。

其次，是鐵路系統的職工，無論是直接工作在鐵路幹線還是工作在提供鐵路供給的產業。需要有超過 170 萬的鐵路雇員處理正常的交通，對此必須補充的是，直接利益相關

第九章 鐵路問題

的，有數十萬人，他們供應煤炭、鑄造鐵軌、切割枕木、製造車輛和體力來維護鐵路系統。

數量最多的是乘坐火車或透過鐵路來運輸商品的人。這幾乎包括我們所有人。

沒有理由來掩蓋鐵路正處於嚴重困境的事實。既然有如此大比例的美國民眾在此形勢下直接持股，我想我們的工作既不是為災難哀嚎，也不是掩飾問題，而是耐心細緻地觸及這種狀況的根源，找出問題存在的緣由並且設法消除導致這種困境的基本原因。

我不同意最近傳播的一種觀點，認為鐵路已經發揮了它們的作用並且將要不復存在。美國運輸專業的高材生們不會支持那種觀點。正如哈佛大學的里普利教授指出的，如果你嘗試用動力車輛取代所有的鐵路貨運，你就必須使用一個卡車車隊，這些卡車將連成一條線，一輛接一輛地，從紐約一直排到舊金山；或者換一種說法，你必須用一輛十噸重的卡車以每 30 秒 1 公里的速度行駛在美國改良的公路上。

讓我們換一種方式。在一個正常年度，鐵路要承載的運輸超過 3,000 萬人／千公里，貨物運輸 4.4 億噸／千公里。這是任何其他機器所無法承載的負荷。

鐵路沒有歇業的危險。在未來相當長時間的規劃當中，鐵路有重大的經濟地位。

那麼，為什麼有困難呢？

首先，我們破壞了系統的平衡。我們修築了 —— 合理地 —— 數十萬公里直接與鐵路幹線平行的一流的高速公路。這些開銷都出自稅收和債券。如今有許許多多的客車和貨車從事州際間的商業活動，他們使用這些道路的通行權但並沒有投資於此。

你和我，在我們每年繳納的稅款中，支付了大部分高速公路的維護費用和公路建設的利息費用。動力車輛只負擔了一小部分。實際上他們搭載乘客和貨物往往花費相對較少的管理費用和資金，為他們的通行支付了較低的稅款和較低的維護費用。

同時我們國家政府允許他們免受諸多限制地從事經營活動，這將確保大眾的安全，確保工人們公平的工作條件。我們本不該給予他們這些相對於鐵路不公平的競爭優勢。

我們不希望將動力車輛運輸驅逐出其合法的商業領域。動力車輛運輸是運輸體系必需的、重要的組成部分；但是動力車輛運輸應當置於與鐵路運輸一樣的聯邦監管之下。

而這就迫使鐵路面對不公平的競爭，我們不僅允許，還常常要求他們互相之間進行不合理的競爭。在規範鐵路營運過程中，我們維持這樣的政策：在任何時候，在主要線路間必須形成有競爭性的鐵路系統。關於這項政策還有很多可說

第九章　鐵路問題

的，只要有足夠的交通流量以支持線路間的競爭。只要有交通流量，競爭將有助於確保效率。

但是由於鐵路已獲准增加的運輸量遠遠超出了交通流量的需求，競爭帶來的浪費已經越來越無法抑制。現在我們面臨的問題是：我們應該允許他們 —— 實際上是迫使他們 —— 擠垮對方嗎？還是應該允許他們聯合，透過減少無利可圖的服務達成集約？換句話說，我們是否應該允許他們將運輸量劃分開，以消除目前的一些浪費？

沒有一種解決方案是完全具有吸引力的，因為我們有設施過度建設的問題，還有部分閒置資本的問題，這與閒置勞動力問題的難度是相似的。但是一項明確的、健全的公共政策的實際開展將會加速問題的改善進程。

我們可以剔除一些不必要的或重複建設的基礎設施等耗資巨大的多餘設施。民眾普遍沒有意識到，有 30% 的鐵路里程只承載了 2% 的貨物和旅客運輸量。這並不意味著所有這部分里程能夠，或者說應該被廢棄。但它確實表明，大量廢棄鐵路的工作能夠在不傷害大眾利益的情況下穩步進行。

最後，在過去的 10 年中，在鐵路自身當中完全有足夠的操作空間。我們曾流行一種鐵路控股公司，至少可以說，這些控股公司的金融運作模式總體而言是不利於交通運輸的有序發展的。他們就像是金融彗星，自由穿梭於該體系，用別

人的錢做金融賭博，除了直接的鐵路建設外還掌握了企業的其他方面。這些公司賠了大量的金錢，造成了巨大的損失。

上述情況都表明，造成目前鐵路問題的主要原因也是導致我們許多問題的典型原因，是完全缺乏這項至關重要的國家公用事業持續和開展的國家規畫。

各鐵路幹線應該作為國家運輸服務的一部分。這不是說所有鐵路都要統一管理。實際上，懷疑合併後效率問題的原因在於，事實一再證明優秀的管理成就偉大的鐵路；實踐表明，一名管理者可以有效控制的里程數在全國鐵路里程內僅占一小部分。

但是單一的鐵路必須有一個公認的經營領域，並在整個國家的運輸計畫中占有一席之地。每條單一的鐵路服務都必須適應並且與其他線路的服務和其他形式的運輸相結合。需要注意的是，我們的郵政系統可以使用各種不同的交通工具：火車、汽車、輪船和飛機；但是它只支配這些交通工具中的一小部分。

我們可以透過類似的方法很好地著手處理鐵路的問題 —— 調查全國所有的運輸需求，確定最高效率、最經濟的運輸工具，用國家政策取代缺乏國家規畫的狀況，鼓勵大眾福利的健康發展和擴大。

在公共的商討和共同的目標之下，我們將發現如何糾正

第九章 鐵路問題

目前尋找獨裁的不好的傾向。眾人的智慧可以把我們從假想超人的錯誤中解救出來。

對於那些因害怕更靈活更連貫的公共鐵路項目建議而退縮的人，我冒昧地說，不是由於鐵路的存在而是由於缺乏公共政策才引來人們對鐵路體系進行公正的批評。

過去制定的明確計畫——停止價格戰，防止回扣和歧視，還有增強安全性——這些措施創造了巨大的公共效益，使鐵路獲得了自救。但是隨著戰後政治的搖擺和個人的獨控，我們更多的是摸索而不是努力解決鐵路的問題。

就其本身而言，應該對現階段存在的數目眾多的困難負責，如果事實的確如此的話，我們本來在危機到來很久以前就應當認知到這一點。

正如一位鐵路負責人所說的：「無論怎樣，國家鐵路的規則都要符合大眾利益，這是毫無疑問的。」事實上，規則保護了投資者同時也保護了顧客。我想，沒有哪個開明的人會願意回到過去的日子——無規則的鐵路營運使得三分之一的鐵路里程宣告破產。

大蕭條來臨時，伴隨而來的是運費的大幅減少。在不合算的競爭、沒有收益和拉得過長的鐵路里程、魯莽的金融冒險和經常的欠考慮的管理的綜合作用下，出現了許多鐵路簡直都不可能支付利息的局面。

在緊急情況下，政府透過復興金融公司無限制地借錢給鐵路來度過危機，為的是使他們免於破產。

我同意這項政策 —— 作為一項緊急措施 —— 儘管我不會沿襲這項政策中的許多措施。就其作用而言，這是一項好的政策。我們與這種形勢有著如此深切的利害關係以至於不允許出現全面崩潰的局面。

我還將繼續推行防止破產的政策。但是我認為這只是一項權宜之計。借款是可以的，如果 —— 也只有當 —— 你確保借款人能夠償還你的借款。

我想，政府沒有採取深思熟慮的計畫使鐵路起死回生，責備是有道理的。當鐵路申請借款時，政府當然有權提出與私人銀行家在類似情況下為保護自己的利益所提出的一樣的要求。政府有權將大眾的錢借出去，也要確保能夠保護大眾的利益。

此外，當單純的貸款無法收拾殘局時，作為貸款計畫的一部分必須做出必要的調整。在鐵路的救濟方面，與其他地方一樣，上屆政府已經借了款，儘管並不是依據擺脫根本困境的計畫，而僅僅是希望蕭條能在一、兩年時間內結束。

直面現實，我們會第一個，而不是最後一個認知到根本的問題。

第九章　鐵路問題

　　所有的鐵路有價證券絕對不要捲入違約的漩渦。這樣做對大部分儲蓄銀行、保險公司和信託機構造成的損失將會是極其慘重的。

　　我要闡明一點，這些擴大的政府信貸將會被大大地浪費掉，除非利用這些錢採取一些建設性的措施清除冗員。在各鐵路運輸單位內部，這種財政狀況的轉變是專門針對每一條線路的。那些強行徵收的不合理的過度收費的情況，那些收費必須縮減。

　　整體而言，依照我下面所要列舉的，必須採取糾正的措施建立更加健全的金融體制。除非這些潛在的狀況得到公認，否則我們就是在浪費時間和金錢。

　　具體地講，我主張：

　　第一，政府將宣布在一段特定時期內援助鐵路部門；政府的幫助很明確是以鐵路部門接受一些必要條件為前提的，如可以在各單位內部透過適當縮減固定費用來調整頭重腳輕的金融結構。我建議開始執行在立法和政府部門的扶植下的國家運輸政策，它代表著與鐵路福利和服務緊密相關的所有人的利益，包括投資人、勞動者、貨主和乘客。我建議，在這項鐵路政策的執行過程中，復興金融公司和州際商業委員會合作，共同制訂保護所有相關利益的重組或調整計畫。

　　我也建議，這些計畫一經制定出來，這些機構也能在一

段特定時間內支持和幫助鐵路部門徹底實施這些計畫。

第二，幫助修復無法應對時下這種前所未有的緊張局面的各條公路將是對過去和未來的不善管理的屈從。我提議徹底修正影響到鐵路破產接管乃至其他各類公共事業的破產管理的聯邦法律。如同他們目前所持的立場一樣，他們建議接受杜利先生的意見：這樣安排就可以使律師事務所的每位成員都能夠從財產比例獲得其公平。迫切需要消除法院程序的多樣性、繁瑣的司法程序、長期的商業混亂和需要支付給律師、官方接管人、委員等人的巨額的費用。修訂的程序中應該包括：規定證券持有人和債權人的利益得到全方位的、更徹底的保護，防範不負責任或者自私自利的重組經理人。

第三，我主張州際商業委員會規範汽車營運商的競爭。鐵路服務應該由汽車服務作為補充，以促進公共利益，同樣也要允許鐵路擴展它們的交通設施。要鼓勵鐵路的現代化，使他們的設備能夠適應不斷變化的社會的新需求。

第四，我認為鐵路之間強迫競爭的政策沒必要執行那麼長時間。譬如說，州際商業委員會應當在那些交通不足以滿足競爭線路的地方，解除競爭的要求，要認知到有明確的、絕對的職責保護民眾免遭壟斷權力濫用的危害。同時，我認為應該宣導消除免費的里程，不管怎麼說，受到影響的社會運輸需求可以透過其他方式得到充分的滿足。

第九章　鐵路問題

第五，提議的鐵路合併是合法的並且是符合公眾利益的，應該被積極促成。與此同時，應該修改法律的規定，使它與我們在此提出的政策，與州際商業委員會和托運人、承運人及其雇員代表們一再重申的意見相一致，確保相關民眾和個人的利益得到進一步的保護。對委員會在促進和保護民眾利益範圍內的所有相關的特殊利益時，它的物件、權力和職責都應該做出更清楚的定義。那些投資或投身於鐵路服務的人；那些依靠鐵路運輸買賣貨物的人；那些依存於他們所生活的鐵路社區的人 —— 這些人的切身利益必須得到進一步的保障。

所有聯邦政府和州政府的相關機構，都應該參與這項國家使命，增進這些商業大動脈的健康。

第六，所謂的「鐵路控股公司」應該以與鐵路自身一樣的方式，完全置於州際商業委員會的管理和控制之下。不能讓我們的基本政策受到企業繁雜的屏障的阻礙。

最後，我們必須認知到，政府的鼓勵和協助要比單純的限制和鎮壓更能促進交通運輸條件的持續改善。經濟、高效率的鐵路經營取決於鐵路的管理水準，並且當它接受的公共責任達到平衡時，不能有過度的負擔和限制。它也在很大程度上取決於鐵路員工的能力和士氣 —— 鐵路員工也許是我們的工業生活中由技術工人構成的最團體。

交通運輸不是一項機械化的服務。這是一項人為的服務，他們的生活更值得我們精心的照顧，遠勝過它們操縱的物理機器所需要的維護。我也非常清楚，工作在交通運輸戰線上的所有男女員工都有權利獲得本行業有能力支付的最高的薪資。

我們必須為這項交通運輸支付合理的成本，它只占到商品銷售價格的一小部分。我們不能讓過分的運輸成本成為生產者的負擔，限制他們的市場。

當一項設計健全的公共政策到達開花結果的階段，鐵路證券持有者可以期待更加確定的公平公正，而不是過多的報酬；大眾當然期望更低的價格；工人也有理由期待有價證券作為工作適當的補償。

我不顧忌那些免除鐵路管理者履行職責的權利的政府行為。人們都應該記住，鐵路實際的經營者並不是鐵路的所有者，也不是鐵路服務的主要受用者，現在他們只是憑藉他們的能力受命於吸納更多的資本，保護資本。

他們的職位現如今取決於，也本該如此，他們是否有能力做好那份工作。我們有權利要求 —— 我想他們也應當最先承認 —— 他們的管理是穩健，經濟和熟練的；不能把這些職位當成進一步實現個人權力欲望的金融管家。他們，實際上是，有權利協助政府的公務員，但他們承擔的是高標準的職責。

第九章　鐵路問題

如今的形勢是，全國大多數的鐵路逐月的固定收入都無法抵償現有的債務。長此以往就意味著破產。

我希望鐵路能夠自力更生，最終減少而不是增加他們的債務，因而不僅挽救大量的政府投資，也保住了近 200 萬名鐵路工人的飯碗。維持他們的生活水準是政府極為關切的。

在重塑美國脫節經濟的重任中，我們必須不斷努力奮鬥達成三個目標：高效服務，金融體系安全和持久就業。我們經濟網路主要沿鐵路網的脈絡成型。鐵路網使陸地連成了一個國家。它使我們避免了像歐洲那樣分裂為小的，有衝突的國家；它使西部的崛起成為可能；它運送了我們的供給。這些是不能涉及私人的問題，不允許投機，也絕不能成為實現金融野心的跳板。

必須將這些勢在必行的調整做到我們將不必重做的程度；這個系統必須成為，也應該成為安全的、耐用的和國有的。

第十章
關稅問題

第十章　關稅問題

從我們的政府建立伊始，關稅問題就是我們的經濟生活中最重要的問題之一。但現在的實際情況是，這個問題與我們的整個經濟結構緊密地交織在一起，而經濟結構又是一個錯綜複雜、非常棘手的因果效應典範，為此，關稅的修訂必須格外小心謹慎地行事，而且只有以確鑿無誤的事實為基礎方可進行。

然而，我們國家生活中幾乎所有的重大問題 —— 農業、工業與勞工、商船、國際債務乃至裁軍問題 —— 都與關稅問題有關聯。

關稅是經由生產商到消費者對某種商品所課徵的稅收。它向這些商品徵稅而不向另外一些類似的商品徵稅，其原因是這些商品源於國外。這顯然是對國內競爭性商品生產商的保護。農民的生活水準比我們農場主的生活水準要低，工人們努力的生產為的是降低費用，這些人不應當去確定美國製造的商品的價格。我們有希望為我們自己制定的標準。關稅應當高達足以維持我們所確定的生活水準的程度。但是，如果關稅過高，它們就變成一種特殊凶險的向消費者徵收的雙重性直接稅。這樣一來，不但外國商品的價格會提升，而且國內商品的價格也會上漲。

過去，有人曾經大膽地提出這樣的想法：高關稅即使有影響的話，對我們的出口或進口貿易所產生的影響也是輕微

的；高關稅對於農業的成功以及為農場提供必要的救濟都是必須的；它們不會對我們的外債償付問題有影響 —— 高關稅對於我們消除貧困的經濟方案是絕對必要的。

過去4年的實踐表明，上述任何單獨一個想法都是錯誤的；它們都是當前大蕭條形勢出現的重要起因；如果徹底承認這些錯誤的存在，我們在國內外都不會從大蕭條中真正復興起來。

我要求採取有效行動推翻這些災難性政策。

前不久，人們對繁榮的虛假預期所依據的是下面的判斷：雖然我們的農業所出產的產品遠遠超出了我們的消費能力，同時，儘管在大規模機器生產的今天，我們的工業生產能力也已經超越了國內消費水準，但是，我們應當繼續提升工業生產能力，以此作為維持有效就業的唯一方法。人們堅持認為，儘管我們無法再國內消費掉這些東西，但是在出口貿易中我們擁有一個無限廣闊的市場來消費我們的迅速增加的過剩產品，同時我們正處於歷史上最偉大的經濟擴張時期的邊緣。

但是，後來當面臨外國如何將其債務償還給我們，並同時為準備銷售給它們的日益增加的過剩產品買單這個難題時 —— 此時世界商品貿易活動幾乎被禁止性關稅終結了 —— 這項令人震驚的建議則大膽地主張，我們應當透過給

第十章　關稅問題

那些「落後的、舉步維艱的國家」提供貸款的方式來資助我們的出口貿易；同時該建議還再次言之鑿鑿地認為，高關稅不會干預這類貸款的再償還行為。

從表面上看，國會召開特別會議是為了實施針對農業進行救濟的立法措施。可是，此次特別會議的災難性成果卻是臭名昭著而站不住腳的斯穆特 - 霍利關稅法。其總結果是使我們在世界範圍內確定經濟合約的行為受到重重阻撓。

就那次特別會議的廣受讚譽的目標而言，其結果則成了一則最大的笑料。這其間的理由有如下幾方面：我們農場主要經濟作物的生產能力已經大大超過了我們的需求；不論對這些過剩經濟作物徵收多麼高的關稅，其在提升國內農產品價格方面的作用也都是微不足道的；這些農產品的生產商會被強而有力地置於我們的關稅保護範圍之外，就好像這樣的關稅根本就不存在一樣。但是，這種關稅的確使我們的工業產品的價格受到了保護，並使其關於世界的價格 —— 但苦難日益深重的農民們逐漸意識到，他們在自由貿易的基礎上銷售其產品，卻在一個受到保護的市場上購買商品。工業關稅越高，農民的負擔也就越重。

格倫迪關稅法的第一個效用是增加或維持住了農業消費的所有費用。但是，它對於我們全體農業人口的傷害還不止於此。根據最近的世界形勢，格倫迪關稅法透過逐漸削弱我

們的過剩農產品市場使得所有農產品的價格出現嚴重下滑。這兩股力量共同作用的結果是使美國農業的購買力水準比第一次世界大戰前降低了一半。現在,農民們購買東西的價格比第一次世界大戰前提升了 9%,而他們銷售的東西的價格則比第一次世界大戰前的價格水準降低了 43%。格倫迪關稅法的結果在兩方面都對農民造成了傷害。它提升了農民所購買商品的價格,同時又透過限制控制其農產品的國外市場的發展減少了農民們從所銷售農產品中所得的報酬。

格倫迪關稅法的破壞性影響不僅僅局限於農業。它還使得我們的工業品出口貿易土崩瓦解。隨著對外貿易的減少,工業自然而然地開始將其目光轉向國內市場 —— 一個主要由農業家庭供養的市場。但是,當工業這樣做時卻發現,格倫迪關稅法已經使農民黨購買力降低了。

由於被剝奪了進入美國市場的機會,為了支持其自身工業發展並照顧其自身的失業問題,其他工業國家不得不尋求發掘新的市場。本著這樣的要求,她們與我們自己之外的其他國家確定了一系列貿易協定。她們還透過各種限制措施,承擔起保護其自己的國內市場免受進口衝擊的重擔。一場近乎瘋狂的走向自我保護性國家主義的運動開始了,其直接後果是以關稅、貿易禁運、進口配額和國際協定等形式出現的一系列報復性和防禦性措施的發布。

第十章　關稅問題

　　幾乎在國際貿易開始失去活力的同時，特別是我們工農業過剩產品出口市場開始消失了。格倫迪法案於 1930 年 6 月獲得通過；同月我們的出口值為 3.94 億美元，而我們的進口值為 2.5 億美元。國際貿易量幾乎是一路下滑，到了 2 年後的 1932 年 6 月，我們的出口值為 1.15 億美元，而進口值則為 0.78 億美元。這種資料不言自明。

　　1929 年，也就是實施格倫迪關稅法前一年，我們將美國出產的所有棉花中的 54.8%，也就是一半以上的棉花加以出口。這意味著，1929 年時我們將生產的半數棉花銷往海外。雖然外國市場在很大程度上被犧牲掉了，但是我們依然將出產的 17.9% 的小麥予以出口。黑麥種植戶的情形也是如此，他能夠將出產的 20.9% 的黑麥銷往外國市場。菸草種植戶 41.2% 的收入來自海外。美國出產的豬肉在 1929 年時有三分之一被出口了，這涉及玉米種植戶的利益，因為玉米是以豬肉的形式出口的。

　　格倫迪關稅法墨跡未乾，外國市場就啟動了他們的報復計畫。它們逐漸建立了針對我們的保護壁壘。它們從我們身上汲取了教訓。「以眼還眼以牙還牙。」

　　格倫迪關稅法在國會受到審議時，我們的國務院收到了來自 33 個國家的 160 封抗議信。在格倫迪關稅法付諸實施後，上述提出抗議的國家中有許多國家建立了自己的關稅壁

壘，這對我們的出口貿易造成了傷害或破壞。

結果是怎樣呢？從 1930 年到 1932 年 5 月的 2 年時間內，美國製造商在國外建立了 258 家工廠以逃避對進口美國製造產品的處罰 —— 這些工廠當中在歐洲有 48 家，拉丁美洲有 12 家，遠東有 28 家，在加拿大有 71 家。1932 年時，每週都有 4 家美國工廠正遷往加拿大。

據報導，加拿大總理貝內特曾經在一次講話中說道，「今年的每一天都有工廠從合眾國遷往加拿大」。他還向最近在渥太華開會的人們證實，透過這些已經簽署的協定，大不列顛及其殖民地將從加拿大拿走 2.5 億美元的貿易額，這本來應當是流往美國的。

這讓許多美國人淪落街頭，這些人本應在搬到加拿大的那些工廠上班的。

此關稅法還有一種次要的，但或許是更加災難性的影響。國外向美國借了數十億美元債務。如果這些債務國無法出口商品和服務，它們就得用黃金支付債務。我們開始極大地消耗掉主要商業國家的黃金儲備，直至迫使所有這些國家放棄金本位。發生什麼事情了呢？這些國家中每個國家的貨幣對美元的相對價值驚人地下降了。要花更多的阿根廷披索去買一把美國產的耕犁。要花更多的英國先令去買一美國蒲式耳小麥或一包棉花。

第十章　關稅問題

　　它們就不會用它們的錢買我們的商品了。這些商品被重新扔回我們的市場，而其價格則進一步下降。

　　歸結來看，格倫迪關稅法已經極大地壓制了我們的工農業供應品出口市場；它阻止了向我們支付公共和私人債務及其利息，增加了我們應對政府支出稅務負擔；它將我們的工廠驅往海外。

　　這個進程仍在繼續。但是，如果不在全世界範圍內扭轉這一進程，就沒有希望在美國實現全面的經濟復興或真正的繁榮。

　　基本的困難是，美國過去的領導人們認為他們在高不可攀的關稅壁壘思想方面具有特權，任何其他國家都不會運用這種思想。這種特權已經逾期失效 —— 或則它從來就沒帶來過任何好處 —— 或者所有其他國家都已經違反了這項特權，卻沒有申訴法院。

　　絕不要指望這項計畫的制定者會承認，這是個愚蠢而錯誤的想法。相反，他們接受了政治史上有關此想法的最為大膽的辯解。他們尋求逃避所有管理失誤的責任，並就這些外國犧牲品的經濟錯誤橫加指責。他們過去說，現在依然在說，我們的全部困難都來自海外，而我們過去的政府沒有一堆這些難題。這是個典型的非正當藉口。如果某種形勢能夠直接追溯到兩個特定的美國製造的原因，那就是美國和世界

的大蕭條。這兩個因素是相互關聯的。

從時間方面看，第二個原因就是這項格倫迪關稅法。第一個原因是，透過缺乏遠見地向「落後的和舉步維艱的國家」發放貸款，我們事實上是在依靠我們的債務人為我們的全部出口貿易以及向支付貸款利息的活動籌措資金。這樣，我們甚至部分地在為德國的戰爭賠償籌措資金。

當我們於 1929 年開始削減這種籌措資金的活動時，世界經濟結構就開始搖搖欲墜了。1930 年，當我們實施格倫迪關稅法時，這個搖搖欲墜的經濟結構就崩潰了。

現在能夠做什麼呢？

我們可以制定一項競爭性關稅，即將美國的製造商與他們的外國競爭者們置於同等的市場之上 —— 一個使生產成本的差別均等化的市場。這不是一種禁止性關稅，在這種關稅的背後，美國製造商無法聯合起來干擾美國大眾的視聽。

我意識到，如此宣稱的這種思想與美國曾經在位的政治家和政客們所傳布的實現沒有太大的區別。我知道，他們這些人所津津樂道的理論是：關稅應當使生產成本方面的差別均等化 —— 不管出於何種實際目的，這種生產成本的差別也不應當超過美國與其競爭國家間的勞動力成本方面的差別。但是我知道，事實上，這種理論已經被完全摒棄了。所徵繳的關稅遠遠超過了任何此類差別，看一看進口已經因為禁止

第十章　關稅問題

性關稅被完全取消的情形就知道了。

無數的實例表明，那些掌握著我們國家命運的人們所信奉的那些金科玉律以及在他們領導下我們所取得的實際成就可以從格倫迪關稅法的相關爭論當中得到佐證。

該項法案中規定的過高的關稅稅率一經成為法律必然會降下來。但是，我們不應當將之降到所顯示的連結點。對關稅法進行這樣的修訂不會傷及任何合法利益。勞工的需求對關乎此類修訂的事情並不理解，因為他們從長期艱苦的實踐中得知，受到高度保護的工業並不會比汽車工業這樣的未受到保護的工業多付給他們一便士的薪資。

削減關稅是任何做到的呢？

依當前的世界形勢看，國際談判是首要的、也是最合乎需求的方法；透過在一定程度上同意降低我們自己的某些稅率以確保我國關稅壁壘也能夠降低，這樣大量海外過剩產品就可以獲准入境。

麥金利總統於 1901 年在他發表的最後一次公開談話中說的話值得我們銘記在心：「排外的時代過去了。我們的貿易與商業擴張的時代就是當前的問題。互惠條約是符合時代精神的，而報復性措施則不是。」

我根本就不擔心我們會從此類互惠條約中獲得最糟糕的結果。我想問一問，你們是否已經對我們的優秀的、已經風

光不再的美國傳統喪失信心了呢？你們相信我們早期成功的以貨易貨的本能已經退化或墮落了嗎？不能也不應當讓如何其他國家來對我們的關稅政策指手畫腳。

我建議透過關稅委員會這個機構完成必要的減稅措施。

關稅法最可悲的特徵之一是其在過去就曾經受到影響的滾木法。完全無法立足的關稅稅率透過一份含蓄表達的諒解備忘錄的形式引進來的，而不是基於獲得國會議員們的理解的基礎之上。每一位國會議員都對一個或更多類似的事情感興趣。這是一件投之以桃報之以李的事情。哪怕是保護政策最熱情的支持者也一定會承認這種罪惡之事。

為了在制定關稅法的時候避免這種醜行以及其他醜行，1916 年，一項創建超黨派的關稅委員會的方案在民主黨控制的國會予以通過，並獲得一位民主黨總統的批准。該委員會有責任向國會提供準確和全方位的資訊，據此制定關稅稅率。直到 1922 年時，該委員會一直作為一個科學的機構發揮著作用。那年，該法中加入了所謂的浮動稅率的規定，使該機構轉變成為一個政治結構。

根據重新實施的 1930 年高利貸關稅法的規定，關稅委員會不是向國會報告，而是向總統報告，總統被授權根據該委員會的建議使關稅稅率提升或降低最多可達 50%。我不必詳細說明這種將某些不公正的舉措 —— 一個愛打趣的人說，

「它的不公正措施」—— 從關稅法中剔除的方法是多麼的沒有意義。

在國會的最後一次會議上，事實上國會參眾兩院的民主黨人採取了步調一致的行動，並得到了思想自由的共和黨人的支持，一項法律獲得通過，但遭到了總統的否決。為了避免滾木現象，該法案規定：針對某個特殊專案所做的報告要包含關於其應當課徵的稅率之建議；實施該稅率的某項措施不能包括任何其他未受到所提議的變革直接影響的項目。這樣，所提出的每一項特殊的關稅稅率都只依據其價值進行評判。

為了避免滾木現象，該法案的另一個特徵是考慮任命一個公共評審團，該評審團將在關稅委員會就關稅變革的任何措施進行聽證，一方面要聽取通常是貪得無厭的生產商們有關提升關稅的想法，另一方面要聽取同樣受自私動機驅動的進口商們所提出的減稅要求，或者其他尋求減稅的人們的意見。我希望某些變革可以迅速得到實施。

我深信，依據這樣的體制，稅率將獲得一致通過，幾乎沒有機會對這些關稅稅率進行批評甚或是吹毛求疵了。

儘管在每次政治運動中重複過的這些措施意在將民主黨標榜為一個主張自由貿易的政黨，但是，自美國建國以來，還沒有哪一項獲得通過的關稅法所規定徵收的關稅稅率不想

給予美國的生產商們優於其外國競爭者們的優勢地位。而且，我想，你們也和我都認為，今天兩個主要黨派間關於關稅問題的差別是，共和黨希想制定非常高的關稅，直至使之在實踐中變成禁止性稅率。民主黨將把稅率制定得低到足以使美國工業得以維持的程度。

　　我並不期望在未來的每個時間，關稅問題作為一個政治問題會消失，但是我的確期望看到的是，根據我簡要敘述的原則對關稅所進行的修訂將如此清晰地顯示出其給整個美國所帶來的優勢，以至於關於這個問題的討論將會轉化為如何更科學地落實這種稅率的問題上來。

第十一章
司法改革

第十一章　司法改革

　　每一項政府政策首先應當針對最大多數男人和女人的所有最重大的利益來加以制定。這樣一來，恰恰是那些並非是聯邦政府直接責任的事務才應當成為聯邦政府經常關注的事務。應當給予全國性行動支持和幫助，並推動這種趨勢的發展，這將是我們擁有一個更好的政府。因此，思索一下政府與個人接觸最緊密的地方是否碰巧就是聯邦的職能所在這個問題是件好事。可以肯定，其中一個方面就是司法問題。普通公民自己從司法的方式出發來判斷這個政府是地方政府、州政府還是聯邦政府。

　　沒有必要花時間來確定這個事實：美國人民普遍對於司法管理制度一知半解。對法律的不公正、拖拖拉拉和費用問題日益增多的抱怨從很大程度上講是每代人的特徵。當前的情形也不例外，但是目前這個問題的主要意義已經超越了單純的不滿階段。它變成了一個具有重大意義的公共問題。

　　快捷高效的審判對於像紐約市和芝加哥市這樣龐大社區內的個人與較小地方的人們同樣是必要的，但是，在大型社區，如果我們想要為我們的民眾提供充分的政府管理，就應當盡可能將審判事務和健康、公共衛生和警察保護等置於同等重要的地位。

　　沒有提供充分的公正是個普通的常識問題。特別是在目前這樣的經濟困難時期，涉及債務增加的法律活動成倍增

加。進行經濟的必要性也提升了。

　　在此處考察這種形勢在何種程度上是由技術難題引起的既不可能也不必要。人們可能想當然地認為，這種形勢的出現主要是由於法律遊戲規則缺乏強而有力的行政控制，這種規則不是直接用於探究事情的真相，而是允許這些法律伎倆進一步為那些不想讓事情的真相大白於天下的人們的利益服務。

　　比如，設立陪審團是為了能夠在事實的基礎上獲得值得信賴的裁決而提供的方法，但卻常常被用來達到拖延裁決的目的。類似的荒誕不經的動機進入了這項事務。從長遠看，實際問題被一大堆雞毛蒜皮的事情拖延了下來。

　　只要能夠確保將法院的審判日程拖延幾年時間，這種拖延本身就會被用來威脅那些有著合法訴求的人們。這種拖延包括拒絕進行實際的審判；另一方面，那些有著合法辯護權的被告人就受到漫長而令人焦躁不安的法律過程的威脅。曾經試圖在法院實施改革，這是一件平常的事情。而應當進行高效率的審判這個事實的存在恰恰意味著，使許多案件快速得到解決這種情形從來不曾在法院出現過。數千件案件彙集到法院的原因很簡單：把這些案件放在那裡，拖延下來，為的就是要找到一種方法來強制執行不公正的解決法案。長期的拖延是由毫無價值的案件引起的，而這些毫無價值的案件被送到法院來，則是長

第十一章　司法改革

期拖延所致。整個事情就是一個惡性循環。

解決這個問題的唯一辦法是嚴格落實司法效率原則。面對這眾多的案件，通常會提議增加新的法官或新的法院這種補救措施，但很快就會發現，這個問題就是我曾經指出過的那個樣子，這種所謂的補救措施只會增加抱怨。當然，在人口迅速增加的地區多增加些法官是合法的要求。但是，很容易看到的是，在各個方面都實行這種補救措施只會使問題進一步惡化，更加混亂不堪；此刻更為重要的問題是，這會使納稅人本已很沉重的負擔愈加沉重。隨著政府各部門的徵稅額都在增加，是時候該就公共服務的費用問題進行徹底調查了。對於新的要求必須進行非常認真的審查。

而且，訴訟費用問題也非常嚴重。政府權力機構徵收的費用還是職業費都是如此。因為英國律師最近在一份非常具有種族歧視色彩的、關於其自己國家的審判事務管理的聲明中說，除了美國之外，英國是世界上訴訟費用最高昂的國家。歐洲大陸各國的作家和律師們紛紛對盎格魯－美國政府進行嚴厲譴責。在德國，根據此項權力，克勞德·馬林斯因為一項總值40英鎊的民事行為進行訴訟，雙方一共需要繳納的訴訟費不得超過18英鎊。另一方面，在英國和美國，訴訟費用過高的問題還展現在律師帳戶的神祕莫測上。但我們可以肯定的是，訴訟費用太高、太高了。這樣，審判不但被拖

延，而且其費用也是非常之高。

去除掉這些偽裝後，這個問題就變成一個管理問題。應當將較少受到理論和傳統影響的某些現實主義的元素應用到審判事務的管理上。當然，人們對於將審判事務管理與其他更為樸實的生活活動的管理區別開來的政策經過了大量考察。但是，法律是需要詢問的職業，而法律的宣導者們則是受到理論智慧訓練，並能夠快速分辨意思的細微層次性的人，這些特殊性使得他們以一種近乎不可思議的特質 —— 這種特質禁止將常識強加給他們正在做的事情 —— 投入到他們所從事的事務當中。我們這樣說並不過分。

如果英國的實踐對於我們在改革的進程中所希望做的事情具有任何借鑑作用的話，那就是，在當前的令人不滿的環境下，我們所取得的進步將是緩慢的，而且我擔心，也是痛苦的。偉大的立法者時代一去不復返了。現代的形形色色的，甚至幾乎是支離破碎的社會要求各方來努力進行改革。難以計數的不同利益之間的合作要求我們進行非常細緻、耐心地規劃和勞動。雖然在過去 30 年間我們在審判事務的管理方面已經取得了許多歷史性進步，但值得一提的是，還是有許多精心設計的改革構想完全失敗了。如果我們現在想要取得成功，就必須進行廣泛的合作並付出艱辛的努力。

過去存在的困難之一是，進行改革的設想很大程度上使

第十一章　司法改革

自己對最高法院的事務進行干涉。身為改革家們不懈努力的結果，並且主要是因為在這些法院任職的法官團隊普遍都很傑出，這些法院代表著國家的信譽。但是，我們的低等法院一直需要，且現在更加需要重建和改善。發生在我們的某些市法庭的重大拖延，治安法官所管理的審判事務令人不滿的實質，以及刑事法官的糟糕的辦案環境，所有這一切都表明，必須採取嚴肅行動以使那些貧苦和不幸的人們得到審判其所涉案件的方法。

在要求改革的呼聲中，毫無疑問的是，律師事務所的領導人們不但願意幫助身為律師的個人，而且還願意透過不同的法律協會提供援助。有些人認為在這個領域律師就應當處於改革的前端，為了判別這些人的想法正確與否已經花費了大量精力和錢財。但是，儘管有專業的合作與援助，我還是從一開始就覺得改革最終不可能取得成功，除非有大眾的參與。比如，在創建紐約州審判管理委員會時，我就堅持得有外行成員。英國在 19 世紀為實行司法改革所進行的長期抗爭中也發現門外漢是不可或缺的。

律師協會法律改革委員會主席肯尼斯‧戴頓在談到門外漢在英國法律改革中所發揮的作用指出，「英國大眾還沒有忘記早期改革鬥士們的教訓。逐漸地，檢查審判事務的管理情況和對其進行改進的工作都委託給門外漢去做。1850 年任命

的第一個委員會由 7 名律師組成，但應議會的請求，2 名商人被添加到這個委員會中。門外漢在後來的各個委員會中所占比例不斷增加。1909 年任命的一個議會委員會的 10 名成員中僅有 1 名律師。1913 年的委員會由 1 名法官、2 名律師和 8 名門外漢組成。有人在談到這個委員會是說，『法律專業人士的拙劣表現被這個委員會斥為辱沒其報告。』」

門外漢就是人民。除了特殊情況外，他們對審判事務的管理工作沒有既得利益可言。他們不是害怕對抗司法制度的律師，也不是不敢創建其工作條件的法官。而且，聰明睿智的門外漢負有衝破陳腐落後思想的責任，而正是這種思想的存在才使得律師的能力功敗垂成。

現在，所有有頭腦的觀察家們都清楚，審判事務管理的改革意味著要對更加基本的體制發起攻擊，而不僅僅是改變那些程序規則，雖說這些規則必須要改變。現在，這更是一個政府問題而不是一個法律問題。它所要關注的是管理政策和社會福利問題。

這涉及到要對各個州和其他國家的實踐進行廣泛調查。這意味著我們應當盡可能接受最優秀的事物。譬如，在全國已經開發出來一套法院日程管理制度，該制度源自克里夫蘭市，許多律師事務所的成員對該制度的細節都瞭若指掌。紐約的聯邦法院已經接受了該制度，而紐約州最高法院不但加

第十一章　司法改革

快了業務進度，而且還為訴訟人和納稅人省了錢。

人們希望對某些立法，甚至或許要對各州的憲法進行一系列變革。但是，最重要的改進措施在沒有新法律的情況下也能夠完成。

伯納德‧欣塔格是紐約市一位有想法的法官，他在評論司法統計的需求是說，「這種缺乏統計資料的情形在妨礙法律進步方面的作用超過了任何其他因素。」

我所任命的州委員會開展的活動之一是在整個紐約州創立了一種制度，據此也就建立了涉及全州範圍的所有法院的統計資料。根據計畫，應當將這項工作開展下去，如果並且當一個永久性的司法委員會建立起來時，目前這個臨時委員會取消自己的這項職能，並轉移到那個永久性部門裡。

這項經過系統收集和精心整理的資訊的價值是非常重大的。它將使官員們自己對該州法院的整個訴訟情況有個了解，此舉將讓我們知道法院在做什麼，做了多少，還要花多長時間才能處理完這些案件。我希望，立法機構在設立新的法院，增加新的法官時，這些資訊會成為他們的不變的嚮導。這些資訊將給我們提供一種保障：如果沒有精確而科學的方法去了解這種需求的程度以及是否是迫不及待的需求，我們就不會獲准去實施增加法院開支的立法行動。

今天，在法律改革中需要採取的行動可能在許多方面適

於應用到公共生活的許多領域。較少制定新法律這一原則已經受到廣泛宣傳；但這往往是過分敏感的保守主義叫囂。他們希望逃脫政府的管理。要求制定更少的法律的英明之處是不可否認的。但是，其必要的相互關聯原則就是要明智而充滿活力地去使用我們所擁有的權力。今天，資訊靈通、朝氣蓬勃和節儉的管理是政府的迫切需求。尤其是在這水深火熱的時刻，大眾更希望其僕人成為大公無私地履行其職責的楷模。

每個律師事務所的成員都有某些公僕的特質，他把這種特質歸因於他們的專業、歸因於大眾的鼓勵，並使他努力去糾正我所談到的在審判事務管理方面存在的錯誤。

第十二章
犯罪和罪犯

第十二章　犯罪和罪犯

與往常一樣，幾乎每當一個惡性案件或一系列略輕微的犯罪事件的發生 都使受驚嚇的大眾感覺到，社會風氣和安全需要政府強權治暴。事情遠非如此，從那些日夜打擊罪犯和犯罪的人們所反應的真實情況來看，我們只有一種途徑能減少犯罪。那就是透過預防政策。

世界上沒有其他教育機構能像「犯罪學院」這種依然愚昧的文明這般，有如此多的研究生回來接受更高的教育，在這方面，我們地方和國家的懲教機構已經樹立了相反的目標。

監獄的資料統計顯示，50-60% 的人有一次入獄經歷的人成為了慣犯並且最終再次入獄。當我們認知到，這麼高的比例僅僅代表著那些被捕獲並且被成功起訴涉案人，我們還得將加上那些沒有被察覺或者從我們腐朽陳舊的司法和檢察機構的漏洞中逃脫的涉案人時，我們就不得不承認，作為社會的保護機構，整個監獄體系已經非常無用和低效。我們才開始認知到絕大多數囚犯重返社會不久，就再次入獄成為這裡的常客。

我們曾經設想，糟糕的監獄生活，社會給每個囚犯冠以惡名，正是這些促使他們在釋放後走上正道之前所極度恐懼之事。但這麼想是不對的，我們必須一直設有監獄。總是會有那些出於本能的罪犯，必須使這些人遠離社會，使他們不會傷害他人，因為他們的頭腦無法改造，他們意志薄弱無法

遠離犯罪。這些人一定是被捕，再被捕，再被捕。我們的警務紀錄中充斥著這種罪犯的資料，這些人過了青春期以後，在監獄裡度過的時間比在外面還要多。有鑑於此，監獄必須保留。

但是實踐經驗告訴我們，對初犯的永久性改造的可能性要遠遠超出我們已做到的。例如，在麻薩諸塞州，80% 的人被判緩刑而未被送進監獄的人已經改變。在紐約州，每年有超過 25,000 人被判刑緩期執行，因為法院和法官都相信緩刑制度對減少犯罪的作用。

在過去的 24 年裡，紐約州判處了 25 萬例緩刑。

很遺憾，我們沒有資料顯示紐約州這些人中有多少人徹底改變；但是在那段時間，他們貢獻了 2,300 萬美元的罰款，作了相應的歸還和賠償；我相信紐約州永久改造好的比例應該和麻薩諸塞州非常接近。

處理初犯有三種辦法。我們可以將他們送進監獄直至他的刑期屆滿；可以在刑期之前判他假釋；我們也可以在他判刑之後執行緩刑，不必送入監獄。

讓我澄清一下緩刑和假釋之間的區別，因為大眾經常會混淆。當一個囚犯，在他的刑期期間，在一名法院人員的監視之下獲釋，不必進監獄服刑，他就是被判緩刑。如果他被送進監獄，但後來發現可以被釋放了，還要處於一名專門人員的監視監管之下，他就是獲得了假釋。

第十二章　犯罪和罪犯

這兩種情況，都要看他的表現，未能及時向相關人員匯報或者有新的違法行為的，將會被送回監獄服刑並且加罰刑期。

如果罪犯的歷史能證明他並不是本質犯罪的類型，那麼他是有能力改變，成為對社會有用的人的。毋庸置疑，緩刑單從保護社會的較為自私的立場上來說，是我們掌握的最有效的方法，然而也是我們所有消除社會犯罪的努力中最不受重視的。

透過隔離，避免初犯和慣犯進行使人洩氣的接觸，透過對罪犯自身的研究，將他視為個體而不是一個群體，我們更能夠使二次犯罪的較高比率降下來。

透過對那些在監禁之後真正有悔改表現的人減刑，我們可以為社會增加一大批好市民。

透過調查初犯的歷史，或者相關案件的法官認定為受特定的環境影響的，沒有犯罪傾向的罪犯，將這些人置於可以考慮緩刑的範疇，我想我們應該把監獄騰出更多地方。

從經濟上講，緩刑對國家是有財政上的好處的。統計顯示，大體上說監督一名緩刑罪犯一年的成本是 18 美元。如果是更安全的觀察和更近距離的監視，大約每個人的成本是 25 美元。與之相對應的是，監獄羈押一名犯人，國家每年要花費 350 到 500 美元。我希望各州逐步減少獄警和看守的數量，增加假釋和緩刑監督官的數量。

緩刑的監督官必須是經過專業培訓的合格的人員。這一點我們是較為薄弱的。我們要專門培養真正合格的緩刑監督官，就像我們現在在堅持培養真正合格的假釋官一樣。這是每個州的事情，整個緩刑的事情都應該提到地方政府的每日排定行程上來，使之處於地方政府的廣泛控制之下。

48 個州當中有 21 個州以各種形式建立了緩刑制度。透過這項政策的擴展，犯罪會減少，刑罰機構擁擠的狀況會極大地緩解，建更多監獄的需求和不必要的、使用不合理的龐大的監獄財政預算也都減少了。

1932 年 2 月，我任命的調查紐約州監獄管理和建設的委員會 —— 薩姆‧A‧盧因森為該委員會主席 —— 報告了一些相關的事實，提出了一些重要的意見。該委員會表示：「如果目標是改造，那麼在大多數情況下，應該在相對較短的時間內完成。長期的監禁，就其本身而言，對想在有用的基礎上重返社會的個人是不合適的，不是會令人絕望，就是令這個事情非常的困難。」我相信委員會的意見是對的。

他們的報告指出，不定刑期法最初只宣判罪名和服刑的最高刑期。遺憾的是，「過去幾年裡，修正案在大多數情況下完全破壞了或者沒有貫徹不定刑期法的精神。這些修正案中提出的漫長的最短刑期阻礙了現代改造措施的應用。多數情況下無法應用的原因是有逃跑的可能性。舉個例子，很容易

找到的例子，兩個犯有同樣罪行的年輕人 —— 一個被判處沒有最低刑期的勞改，另一個被判入獄最低的刑期，在某些情況下，是 7 年。很顯然，後一種情況下是沒有積極改造的願望的。」

我想向大家舉幾個不近人情的刑期的例子，也是我在紐約州透過這份報告知道的。在辛辛監獄（Sing Sing Prison），有 176 名初犯最近接受調查，他們的最低刑期累計約 3,500年，最高刑期累計 5,000-6,000 年。

在奧本監獄，有兩個年輕人，他們分別是 21 歲和 25 歲，因為搶劫被判處 47 年零 6 個月到終身，釋放時一個 68 歲，另一個已經 72 歲了。還有一個 69 歲，搶劫罪，他的刑期是 15 到 30 年。出獄時他將是 84 歲。

在辛辛監獄，一個 20 歲的年輕人，犯搶劫罪判處 45 到 90 年的徒刑，如果按最低刑期出獄，他將是 65 歲。另一個 19 歲的年輕人因為搶劫罪被判 30 到 60 年。第三個 29 歲，他被判刑 25 到 50 年。在克林頓監獄，一個 21 歲男孩刑期是 70 到 80 年。另一個 20 歲刑期是 55 年零 6 個月到終生監禁……為什麼會這樣呢？

這是一個巨大的人間悲劇，除了罪行很可悲外，還因為這些人根本沒機會出來 —— 一些人有。從冷靜的現實的立場出發，該委員會宣布，這樣的不分青紅皂白的量刑「對國家

來說是成本很高的嘗試，並且監獄容量需要大大增加會產生非常嚴重的財政問題。」

　　大法官、地方檢察官、國家假釋司和其他一些人應邀舉行公開聽證會討論這個問題，作為會議的一項成果，委員會提出了如下的建議：刑法條款做出修訂，規定在認為法院判決的最低刑期量刑過重時，假釋委員會有權提出申請提請法院重新量刑，縮短原來的最低刑期。當減低最低刑法的申請遞交法庭時，地方檢察官有權進行法庭聆訊。只要法官同意減少刑期，罪犯屆時將有資格獲得假釋，釋放的條件依照假釋委員會的法律規定執行。

　　可以肯定的是，嚴酷的刑期並沒有阻止犯罪的顯著增加。

　　刑事訴訟法和刑法的條文在許多州都需要重新研究。量刑應該有一個新的基準，不僅要懲戒罪犯，還要力求改造他們重返社會。只有如此我們才能在國家打擊犯罪的抗爭中取得真正的勝利。

第十三章
銀行業和投機

第十三章　銀行業和投機

　　股市泡沫財富的增加和失業的人數進行了一場可怕的競賽。即使在 1925 年，基本就業領域的就業人數比 6 年還是前減少了 200 萬 —— 儘管人口和產量都大幅增加，並且出現了許多新興的產業。多購物，多借貸，多消費的計畫導致了一系列的問題：傾力推銷、奢侈浪費、債務纏身還有國家歷史上最瘋狂的投機。這一時期成為創始人、標語口號、暴發戶、機會主義和各種冒險的鼎盛時期。

　　到 1928 年，事情已經顯而易見，我國工業的強制性產量嚴重超出了國內市場需求。面對這種現實，政府領導人提出的一項大膽的災難性的建議。我們應該將「持續增加的過剩產品」賣到國外。但面對處於崩潰狀態的世界金融形勢，怎樣才能做到呢？一個悲劇性錯誤的答案就是，「這恰恰是進一步拓展我國對外貿易的基本內容，我們應該透過貸款的方式讓使我們自己對落後的和舉步維艱的國家發展問題產生興趣。」我以前提到過這項政策，但是有必要再說一說，因為它很大程度地造成了我國銀行業和投機的困境。美利堅合眾國以每年 20 億美元的速度向外國借款，已經擁有外債 140 億美元。因此，實際上美國投資者的錢換回來一堆外國債券。

　　舊經濟已經破產。很容易發現，大規模的機器生產必將最終破壞就業這種想法是 100 年前的思想的回聲。新經濟飛速發展。已經有人開始鼓動提升保護性的關稅。希望建立銅

鉚釘住的美國市場,透過在世界上有史以來最高的關稅密封。美國工業也加快到了史無前例的速度,行駛在光滑的路面上,突然發現剎車失靈。剩下的就只能靠慣性了。

數年來農產品價格的下滑造成了農業的衰落,什麼都於事無補。工業上,大型工業集團,聯合公司和控股公司開始返回神話般的帳面利潤;但是公司報告的淨收入卻不斷減少。在銀行業,保羅·沃伯格(Paul Warburg)—— 一位了不起的金融權威人士,也很了不起地將自己畢生的歲月投入創建美國聯邦儲備體系的工作中 —— 在 1929 年初就向大眾提出警告說:投機已經變得瘋狂,政府將為此買單。儘管表面繁榮,失業已在不斷增加。幾個月前,美國勞工聯合會就發出了關於工作職務迅速減少的預警。

聯邦儲備委員會也同樣看到某些跡象,卻沒有什麼作為。

有人建議說,美國大眾顯然可以當選為愛麗絲夢遊仙境中的角色;我同意這說法,愛麗絲正在窺視的是新經濟的鏡子。白騎士們有無限制的國外市場銷售的偉大構想,不理會 10 年後會怎樣。救濟院像柴郡貓一樣迅速消失。瘋帽匠邀請每個人獲取更多的「利潤」儘管這並不是真的利潤,只是一紙空文。玩世不恭的威廉教父在曼哈頓下區擺弄著自己鼻尖上的鰻魚。困惑的,有點多疑的愛麗絲,問著一些簡單的問題:

第十三章　銀行業和投機

「印刷和出售更多的股票和債券，建造新廠房，提升效率，能生產出比我們買到的更多的東西嗎？」

「是的」無聊大喊道，「生產的越多，我們買到的就會越多。」

「那如果我們生產過剩呢？」

「噢，我們可以賣給外國的消費者」

「怎麼才能讓外國人買它們呢？」

「這個，我們會借給他們錢」

「我明白了」愛麗絲說道，「他們會用我們的錢買我們過剩的產品。那麼，外國人會不會賣給我們商品來還債呢？

「哦，沒關係，」漢僕·達普（矮胖子）說道。「我們坐在霍利 - 斯穆特關稅法案的高牆上。」

「那些外國人將怎麼償還這些貸款呢？」

「那很簡單，你沒聽說過暫停償付債務嗎？」

看上去也許很荒謬，卻觸及了 1928 年神奇法寶的核心。竟然相信這種「拎著鞋帶把自己提起來」的理論；它似乎也奏效了。對這個神話著了魔，大眾將一生省吃儉用累積的積蓄投入變幻莫測的股市。商人們堅信他們聽到的專家建議，冒著無法償還的風險投資新的擴張。銀行家做了太多不明智的貸款。在金融巫術的咒語面前常識無語了。

從 1928 年 8 月到這一年的年底，市場的膨脹像氣球增加了百分之三十。但還沒有止步。在幾個美妙的月分中越漲越高，直到最後比去年高出了百分之八十。這些都是夢想的數字。氣球已經到達了經濟的平流層，在高空，那裡沒人能夠倖存。接著就是崩潰。帳面的利潤一夜之間蒸發；在市場高點湧入的儲蓄，化為烏有。只剩下冰冷的現實 —— 債務是真的 —— 冷酷的通貨緊縮初期唯一的現實，浮雲繚繞，雕版華麗的存單的價值甚至都抵不過製作這張存單的藝術成本。

　　蕭條逐步加深。

　　一遍遍的解釋還有虛幻的盼望 —— 最壞的時候已經過去。現在能做的只是這種瘋狂的賭博，希望形勢以一種無法解釋的方式有所好轉。1930 年的聯邦預算按著一切依然如故的理論做出的。國家金融體系的安全，數百萬民眾的工作和生活，大多數商業企業的安全，都押在了這個猜想上。面對現實的人將獲救，其他人會被毀滅。

　　不是出於黨派目的，而是為了正確地說明歷史，有必要在這裡陳述事實。在 1931 年 10 月，聯邦政府的官方政策是「國外發生的超出了我國人民或政府控制能力事件使大蕭條加深了。」直到政府下臺都在以此為藉口。

　　然而，世界其他文明國家的記載證明了兩件事：首先，其他國家的經濟格局受到了我國投機潮的影響，借款的縮減

第十三章　銀行業和投機

助長了他們的痛苦；第二，經濟泡沫的破滅正是始於它的原產地 —— 美國。隨後外國出現了大崩盤。與我國並不同步。此外，進一步削減貸款，加上過高的關稅帶來的持續停滯，整個國際貿易持續蕭條。如果在你的頭腦中，以政治動機為理由懷疑這些，那麼我請你尋找任何其他國家的一些可靠國際貿易的貸款、價格趨勢、利率和產品等方面的指標來驗證一下。

錯誤的經濟政策助長了投機和過度生產。

危機已經最小化，方向上的指引誤導了大眾。

將原因錯誤地歸咎於其他國家。

拒絕承認和糾正國內曾給我們帶來混亂的錯誤，救濟被延遲，改革被遺忘。

現在我們面臨的問題是：採取哪些措施認清國內的錯誤？提出哪些具體的措施能避免未來再次發生此類事件？

首先必須正視擺在我們面前的事實。它們包括：美國工業三分之二集中在幾百家公司，實際上管理的人不超過 500 個。有一大半的儲蓄被投資於股票和債券，成為美國股市的消遣。不足 36 家私人銀行和商業銀行銷售股票的附屬機構，直接左右國內外資本的流動。財政大權集中在少數人手中。大量的工業人口如果不受到這些集中的金融機構的眷顧就無法謀生。數百萬美國人失業，開始懷疑本已不堪重負的政府

救助的需求。關稅切斷了我國產品進入外國市場的門路──受此影響也切斷了農民的收入，達到了威脅抵押品贖回權和生活必需品匱乏的程度。

　　陳述我的經濟信條就必須再次表明我對於個人的看法。我認為我們的工業和金融體系是為每個公民個人制訂的，而不是個人為體系牟利。我認為每個人都有充分的行動自由做他們自己，但是不同意以個人主義這個神聖的詞彙為名，允許少數強大的利益集團將合眾國一半人口的性命當成工業的炮灰。我主張個人的財產是神聖的，也就是說我不主張將它們注入被專業操盤手無情掌控的股票市場和股份制公司。我理解大眾對政府的抱怨。但相當於美利堅合眾國經濟政府一些非正規的組織操控此事時，我不喜歡；而合眾國政府親自做這事時，我同樣也不喜歡。我認為，政府不要變成事事過問的官僚機構，而要充當檢查和平衡寡頭政治的角色，能夠保障首創精神、生活和工作的機會，能夠確保個人儲蓄的安全，而不是保障剝削者剝削的安全、不是確保金融管理者的安全操縱、不是確保未經政府允許的勢力能安全地拿大眾的財產和福利的命運進行投機的行為。

　　回到我們首要的準則；我們必須使美國的個人主義信念成為它希望的那樣──人人都有平等的機會，沒人有剝削的特權。

第十三章　銀行業和投機

　　我提出一組有序的、直接的、實際的治本方案。它們將保護絕大多數民眾 —— 我可以問心無愧地重申這一點，而他們正是被那些掌權所遺忘了那些人 —— 而不是少數人。這些措施和我所有的管理政府的理論一樣，基礎就是要說實話。

　　政府不能阻止少數人做出錯誤的判斷。但政府卻可以在很大程度上阻止一些人利用虛假聲明或者透過散布關於大、小私人組織的資訊騙取大眾投資。

　　為了達成這一目標，鼓勵講真話，我建議盡一切努力防止各類單純以擴大向民眾銷售為目的的生產性的和不必要的證券；還要進一步指出，為了尊重合法證券，銷售者應當告知證券用途和它的含金量。真實的告知要求：要向買方明確精準地告知證券的獎金和佣金；此外，以資訊的真實性作為投資的原則，例如公司真實的收益、真實的負債和資產。

　　我們都知道，州政府致力於監管那些在州際間出售證券的控股公司時所遇到的困難和力所不及。政府權力監管是必要的也是理所應當的。

　　我們已經目睹了福爾謝、Ohrstrom、英薩爾以及其他較小的王朝之崩潰，以及我國成千上萬的民眾在假想的金融安全面前是多麼不堪一擊。單是魯格爾騙局就顯示了對監管的迫切需求。

　　出於非常實際的原因，許多商業上買賣證券和商品的交

易透過轉移到別處，就能夠逃避所在地方政府的監管，我提議行使國家的權力進行監管。

過去的 3 年證明，國家銀行對存款保護的監管是不太有效的。我提議更強而有力的監管。

我們不僅目睹了無限制地使用銀行存款投機對地方信貸的損害，我們也知道這是政府自身監管不力造成的。我建議要打擊和防範這樣的監管。

投資銀行是合法企業。商業銀行是另一類獨立的、獨特的合法企業。他們的合併與交叉持股是違反公共政策的。我提議兩者分離開。

事實上，1929 年的經濟恐慌之前，聯邦儲備體系的資金在未曾受到監管的情況下就被用於許多以投機為目的行為當中。我提議依據最初計畫和聯邦儲備體系的早期實踐對聯邦儲備銀行加以限制。

我提出兩項不需立法的新政策。它們就是聯邦政府在處理美國的、投資方的和大眾的事務時所應遵循的公平、公開的原則。首先，我保證國際銀行或其他組織不可能在美國向投資民眾銷售已獲得國務院或聯邦政府其他機構透過或批准的外國證券。我保證，新政府的高層公共部門既不准說也不准做影響股票和債券價格的事。政府將獲取關於國家經濟生活的大量的資訊；政府的公告不會與掌握的科學資料有出入。

第十三章　銀行業和投機

　　恢復對政府行動和政府言論的信心是必不可少的。我們最需要的信心是對國家領導者正直、健全、自主、遠見卓識和老馬精神的信心。有了這種領導，才會有永久的安全。有了這種信心，未來才是屬於我們的。

第十四章
控股公司

第十四章　控股公司

　　如果我們希望一帆風順地在眾多商業領域取得可喜的進步，就必須糾正由控股公司所引發的罪惡。控股公司的形式是這樣的：它為保密能力、管理不善和坑蒙拐騙這些勾當賣命。跨國公司最多不過是一個人造的、虛假的超級公司，其目的是為了使那些多少與之有關聯的商業達成目標與管理的統一。有些控股公司忠實地完成了這個目標，並使相關公司獲得好處。但遺憾的是，有些控股公司完全出於自私自利的目的，將大量金融和管理權控制在一小撮人手裡。

　　野心勃勃的金融和管理權益人建立這些公司有這樣幾個目的。他們進行更廣泛的管理。他們可以使公司間的銷售政策和金融問題更加理順。他們形成了一個統一體，是債券的分配與流通成為可能。但是大眾經常會產生控股公司是個完整的統一體這樣的錯覺。

　　過去，我國工業進步的迫切要求可能認可了建立控股公司的作用，但是這些公司所帶來的嚴重管理失範和巨額損失要求我們對之進行一定的控制。

　　在我們的大擴張時期，我們經營商業的方式出現了一個變化，這是我們所使用的防止人民進一步受到控股公司金融剝削的方法中的重要因素。過去，許多大型商業被同一幫人擁有和管理。以自己的信譽為榮、以自己處理大小事務的方式為榮的問題恰恰是使我們的許多古老的商業機構獲得良好

聲望的因素之一。但是，今天，管理權並沒有普遍掌握在所有者手裡。公司的股份被那些從來沒有也從來沒想看到他的公司員工或工廠的人持有者，當這些人審視自己的產品時並沒有身為主人的任何榮譽感，而這種榮譽感過去常常是商業企業的組成部分。他自己的權利和智慧的產物轉向市場了。今天，控股權益人不但要面對缺席所有權的不利形勢，而且這種財產所有權在在滲透到個人股東手裡前甚至已經落入另一個公司的名下了。

當企業發展到超過了個人所有的規模時，管理事務很快就會變成被控股權益人用作走卒的一種遊戲。這是公司經營業務的方法合乎邏輯的結局，並成為那些無恥之輩進行貪得無厭的掠奪的工具。商業最終使自己成為金融帝國迷濛中的走卒，小股東不再有任何發言權；一個擁有 10 股股份的個人和擁有 500 股或 1,000 股的人同樣要求公司在管理方面講求誠實，這點被人們遺忘了。

金融操作的規模要求使用大量的資本資源，此時，銀行利益集團就插足進來。許多不擇方法的金融家主要對將這些債券兜售給大眾這件事感興趣，而對公司事務的管理興趣寡淡。售出的債券越多，他們賺取的利潤就越多，因此，這變成了發明新方法，製造新藉口以發行更多債券的計畫。

今天的悲劇和幻滅是金融與管理控制間的這種關係的必

然結果。如果沒有相互勾結，沒有那種即便沒有違反法律條文，卻也有悖於良好的道德品格要求的目的，我們今天所面對的這個結果不可能出現。

聯邦貿易委員會在對其公用事業進行調查時能夠為偷竊、蓄意向大眾發布虛假資訊、行賄受賄、以及所有股票發售過程中通控股公司有關的濫用職權問題的事實、資料和實例提供無可辯駁的證據。

無恥的管理人員將內部利潤偷偷地轉移給那些幕後操控的人，為了他們自己的而非付給他們薪水去從事管理工作的企業的利益簽訂非法合約，並為他們的所謂服務和所謂的專家建議從子公司中收入巨額費用。這些管理人員將盡可能隱匿所真實發生的事情變成他們的一項政策。帳戶造假、隱匿資產、故意將公司間的協議變得一塌糊塗、阻止最有效的法律方法進行調查 —— 這些僅僅是將他們通往濫用職權之路的幾種手法而已。

小股東們還有什麼機會嗎，即使他們知道正在發生的事情？那些相信了聰明絕頂的推銷人和令人著迷的雄辯家們 —— 這些人可能受僱於人 —— 告訴他們的話的小股東還有機會嗎？

這樣，正是對這些公司進行的金融與管理控制使得他們掌握了巨大的權力為其所用。如果這使股東處於不利地位，

又怎樣呢？莊嚴的商業道德曾經問身居要職的人，「在這方面你的良心會怎麼說？」而現在它只能竊竊私語，「你能處理好此事而不必受到法律的糾纏嗎？」或者說，「我們還得花多少時間繼續做這些事？」的確，個人的野心獲取了這樣的自由：這些控股公司的、影響到數千男女福利與幸福感的政策有時候被最淺薄的個人情緒控制著。

我已經說過，我們必須讓控股公司曝曬在陽光下，因為大眾獲得了完整的資訊就能使那些反常的經營活動無法再繼續下去。

我們必須建立統一的會計制度。

控股公司中的股東必須透過合適的代表有權在任何時間對董事會會議紀錄上的每個字進行審查。

股東必須有權審查每一份公司合約 —— 不論這種合約是與公司高級職員、公司董事還是其他公司簽訂的。

控股公司的報告必須由公司高級職員和董事明示實際的所有權比例和所有權的變化情況。

有了這類任何時間都可公開的資訊，許多控股公司的不規範經營活動都將自動終止。

那些為了股東的利益進行經營的控股公司不會對這些簡單的、顯然是非常必要的管理措施表示反對。為了達成這個目標，擬議中的立法措施將為投資者，也就是為美國大眾提

第十四章　控股公司

供一份記載著那些試圖逃避公開資訊、逃避誠實而得體的控制、繼續在罪惡的條件下 —— 即偷取了許多無辜男女們的積蓄 —— 從事經營活動公司黑名單。

政府對控股公司的管理需要新的政府機制。

無節制的金融剝削 —— 它創造了從未受到利潤認可的虛假價值 —— 是出現我們當前這種可悲形勢的主要原因之一。為了進行剝削而進行不必要的吞併與合併活動已經使數千人被迫失去了工作。大眾對人類以及資本使用中所採取的方法信心是必要的。我們能夠透過清理房間，使之保持清潔以重獲信心。

像我以前說過的，我想重複一下，「如果我們一定要對投機者、操控經濟者乃至金融家們的活動進行限制，我認為我們就必須承認，這種限制是不可或缺的，這不是要打擊而是要保護個人主義。」

那些聲稱並控制著支配我們的工業生活主要命脈的大型工業和金融聯合體的個人應當是人們的某些要求得到滿足。他們承擔的不是商人而是巨頭的角色 —— 財產的巨頭。我沒準備要說，造就了這些巨頭的制度是錯誤的。他們一定能無所畏懼地、出色地承擔起與權力並行不悖的責任。對此我非常清楚。許多傑出的商人都知道，如果不添加新的含義，宣言必將變得與陳詞濫調無異。

簡單說，這種新的含義就是，負責任的金融和工業領袖們為了達成共同的目標必須得同心協力，而不能各自為戰。

　　在必要時，他們必須犧牲這樣或那樣的私人利益，同舟共濟地位實現共同利益而努力。在此，正式的政府 —— 如果願意，你們可稱之為政治政府 —— 就加入進來了。

　　在追求這個目標時，獨來獨往、性格孤僻之人、不道德的競爭者、窮凶極惡的推銷商、以實瑪利（亞伯拉罕的庶子 —— 譯者注）或英薩爾，這些人的手都背向著手，他們拒絕加入到達成大眾福利的目標的努力中來，並威脅要將工業拉回到無政府狀態。政府應邀採取限制性措施。

第十五章
國家與國際團結

第十五章　國家與國際團結

　　長期觀點不應受到暫時問題的干擾。因此，我曾經將我的政策的全部領域描述為一個「利益協奏曲」—— 北部和南部、東部和西部；農業、工業、商業和金融業。心裡記著這個廣泛的目標，我進一步將我的計畫的精髓描述為「新政」。這是一個常見的英語詞彙，但其內涵發生了變化，指的是政府對經濟生活所負有的義務和責任。在這種精神的鼓舞下，我一直在制定該計畫的細節，旨在糾正具體族群所面臨的具體問題，同時又不會加深其他族群的苦難。首先，我的計畫著眼於長遠觀點，不希望看到導致我們當前形勢的那些因素再度出現。

　　我們的經濟生活的中心事實是沒有看到當前問題之外的那些障礙。或許稱之為無知用詞太重，但是這都是意味著我們對生產方式並沒有充分的了解，我們對繼續保持市場的方式也沒有充分的了解。我們擁有最高效率的工業生產體系，我們的國家卻被迫要縮減一半的產出，而我們中的大多數人卻坐在那裡，彷徨而束手無策。我們需要知道如何使工作繼續進行下去。如果我們能夠了解到這些事情 —— 我相信我們能做到 —— 我們的所有其他問題就能迎刃而解。

　　多年來，我們從事生產活動時一直遵奉的理論是一種令人震驚的不可能性理論 —— 就是說，能夠生產出來的產品不可能賣出去。

在我們最近這 10 年的繁榮期間，商業方面有兩個顯著的特徵。其一是生產效率取得巨大進步，其二是，依靠這種生產效率生產的產品當中有一大部分是以貸款形式出售的。貸款對商業活動來說當然是必須的。但是，今天，我們知道我們近來的貸款使用情況缺乏管理和評估。用通俗的話說就是，人們承擔的貸款額超過了他們所能安全承受的限度，而且申請這些貸款 —— 來自華盛頓的輕率的聲明鼓勵他們這麼做的 —— 與我們所經歷的崩潰形勢關係不大。

接下來幾年，防止貸款不受評估地擴張將是政治家的任務。這並不是說，我支持在貸款的使用方面採用徹底的政府控制方法，而是我的確建議使用支付援助方法，是生產者和消費者都能注意這些將幫助人們去防止自己在沒有保障的情況下輕率地陷入高額債務的困境。政府有責任維護其最神聖為其公民的福利服務的責任。這種責任要求確保生產過程的平衡發展，這將使穩定商業結構趨於形成。無疑，商業自身之內進行合作才可維持這種平衡。我的希望是，提供政府干預實現的那種平衡將保持在最低限度，限制自己發布明智的資訊。

另外一個因素是，每當任何大型族群的收入分配如此不平等以至於任何一個族群之內的購買力枯竭時，經濟生活的平衡狀態就被打破了。政府就應當考慮採取明智的措施使這種購買力回到正常的水準。今天在我國的農民當中就存在這

第十五章　國家與國際團結

種緊急狀況，而且我毫不遲疑地說，政府在恢復農民們的購買力方面負有責任。

其他產業存在的問題和農業存在的那些問題有很多相似之處，應當以同樣的方式加以解決。但是，其他產業中的大部分高度融合，他們的規劃政策經常需要進一步深化。我提到當前正承受著最深重的當代苦難的產業部門中的兩個部門。除了農民外，還有其他產業中的工人們。

我們需要為他們制定更強大的保障措施。老年保險、疾病保險和失業保險是當今的最低的要求。但是，這些還不夠。我們是否在考慮目前這些令人心碎的災難，以及防止這些問題在將來捲土重來的問題，或者我們只是在思考工業自身的繁榮與發展。現在我們知道，為了使各行業間得以平衡，並作為一種全國性行動對生產活動進行審查，必須設計出一些規範化和規劃性措施。我們必須確立新的目標；我們必須採用新的管理方式。企業必須少考慮自己的利潤，而多考慮其履行的國家職能。每一個商業部門必須將自己視為更大的整體的一個組成部分，大型計畫中的一分子。

我全心全意地相信，商人和專業人員身為美國公民有著自己的高度責任感，並高度關注公共福利事業。我堅信，他們會全心全意地和我一道為了最廣義的國家利益而工作。我們渴望和期盼的不是在國際市場上的羅曼蒂克式的冒險，而

是進行踏實的研究和從事實在的產品貿易活動。我們將逐一探索每個國家可以與我們進行互惠交易的產品，並將盡我們的最大努力深化這種貿易活動。這種經濟交流是我們國家外交政策中最重要的課題。

經濟爭端還引發了導致軍事競賽的刺激性事件，這些事件是戰爭的主要原因。用更加務實的互惠性貿易協定取代目前的制度 —— 依據這種制度，每個國家都企圖盤剝所有其他國家的市場，而不給予任何回報 —— 將更好地維護世界和平，並將比任何其他能夠制定出來的政策對最終減輕武裝力量負擔做出更大的貢獻。與此同時，這將使一項全國性經濟政策的發布成為可能，該政策的核心特徵是使生產計畫與實際的消費可能性相吻合。至少這個問題將不再遭受不可能的希望 —— 在目前無力為其產品買單的國際市場上銷售產品 —— 的困擾。美國工業將不再有繼續過度建設的藉口。他們可以開啟適應這些他們期望的市場的過程。這已經被拖延太久了。

在將來的歲月裡必須對政府與商業間的關係重新進行調整和確定。我在一次演講中 —— 該演講用現代詞彙重新界定了個人主義這個概念 —— 說，商業領袖們現在被期望著承擔起與其權力相伴的責任來。透過這樣的方式可以做很多事情，尤其是，如果我們將大眾輿論動員起來的話。

第十五章　國家與國際團結

　　我們的新一屆全國政府就要回覆我國大多數男女們信賴他們的誠實和能力的信心。即將採取政府行動以更好地落實個別男女的權利和基本需求。

　　這些不僅僅是希望。這些是賦予我自己和我的政黨的戰鬥命令。我的總統競選運動始終沿著這些路線前進。我將根據這項來開始我們的新一屆國家政府。

　　我已經原諒了競選活動對我進行的猛烈人身攻擊行為。我們要忘記許多出色的人因為選舉被迫丟了工作。受到陳腐的政治義務的束縛，並被過時的政策層層包裹著，以至於他們的手腳都被纏絆住了。但是，我們絕不要忘記這些政治義務所造成的傷害以及這些政策所犯下的時代錯誤。我們要牢牢地銘記這些以便認清他們的錯誤，並避免類似的錯誤在未來重現。

　　我們的新一屆全國政府在抗擊我們的主要問題的經濟活動中已經面對這些事實。它要把當前形勢的真相及其與未來的關係說出來。或許在全部真相當中，第一個重大事實與總體形勢有關。我們必須立即面對之。緊急救濟已經開始，並將在維持生活這項關鍵工作上取得成功。但緊急救濟沒有糾正任何事情。從現在開始，我們必須更加重視生活自身的品格問題。將精力集中於純粹臨時性救濟措施一定不會使我國在社會平等與進步方面的進步「凝固」下來。如果我們當前

的社會秩序能夠延續下去，那它就一定能證明自己值得我們為之進行辛勤工作、自我犧牲，且值得我們的先輩們為之付出生命的代價。它也一定能夠證明：在接下來幾年內的存在也是值得的。

　　我們必須承認，在很短的時間內世界的經濟力量已經發生了深刻的變革。我們也必須理解那些來的相對較為緩慢的變革。這些變革將一套新的現狀強加到我們頭上。說我們現在是世界的債權國，這一點都不新鮮。但是，我們的人民還沒有認知到這種說法的含義。我們的資本擴張到西部的情況來自海外。直到 18 世紀初期國際金融業務還沒有成為必要的事務。在第一次世界大戰期間，由於歐洲的迫切需求，形勢發生了變化。我們參與國際工業的擴張只是近來才有的事情，不需要品頭論足，雖然嚴酷的實踐告訴我們，有些擴張行動是不明智的。經濟大蕭條使所有貸款的安全性受到重大威脅。我們的某些債權人喪失償還能力應當使我們理解到國際事務變革的固有本質。我們的某些專業批評家們應當好好地記住，在我們的政府體系內，我們現在是世界上歷史比較悠久的國家；我們經歷了十分深刻的政治發展的痛苦，現在到了成熟的年齡，對世界其他地方負有一種新的責任感。

　　這就是為什麼我們的人民透過他們的政府所貸出的款項必須由外國政府償還給我們人民的原因。應透過各種方式幫

第十五章　國家與國際團結

助你們的債務人是合情合理的常識，但是，取消這項債務既沒有可行性、榮譽，也沒有世界的安全。憑藉對正當義務的透徹理解才能最好地實現世界金融形勢的穩定。過度支持外國貸款的政策將使我們損失更多，也不會實現真正的國際團結，並使拒付債務的希望得到確認。我們的新一屆政府將公正地、誠實地、穩妥地應對這種形勢。但是，要記住的是，由於社會是有組織的，我們分化為各個國家，首先考慮本國人民的福祉是我們政府的責任。我強烈地感受到，世界的福祉依靠我們自己，也同樣依靠其他人，但是在這些重大的金錢義務方面，只能採納一種觀點。這些錢代表著國家的勞動、眾多民眾個人的勞動。

在我們處理債務問題時所採取的國際立場上的任何含糊做法都與過去幾年間導致我們陷入嚴重的社會不公正形勢的做法一樣危險。我所指的事實是，近年來，在正義與非正義的壟斷問題上的含糊其辭已經瀰漫開來，這使得少數人的意願凌駕於多數人的權利之上。少數人所擁有的權利必須加以維護；但同時少數人的人權則是至高無上的。

我們必須要問，為了改善美國人民的生活品質，這屆政府能夠做些什麼。我們必須決定 —— 本屆政府也必須與我們團結一致 —— 在我們的國家生活中，哪種因素可以最好地用來推動事件的發展。我們必須全力支援每一項措施並鼓勵

其發展的勢頭。這應當是行政管理政策的基礎。今天，在美國，在世界上，這種單一的原則是什麼呢？

它就是個人的、商業的、工業的、城鎮的、鄉村的、各城市的、各個州的以及各個國家間的相互依賴 —— 我們的相互間的依存關係。但是，對相互依賴的理解和恰當運用是關鍵因素 —— 首先要對我們的問題有個清楚的認知，其次要切實解決這些問題。

我們新一屆國家政府的問題與政策表明相互依賴這個事實的存在。比如說，關稅就是每一個主要問題的組成部分。能夠並且應當採取具體行動以使相互依賴成為達成國家復興與穩定的工具。

今天，美國各地無數家庭的親身經歷最好地詮釋了相互依賴的事實以及只有透過真正的理解才能達成相互依賴這個道理。這些家庭依靠農業或工業工作為生，儘管自己沒有犯什麼錯誤，但卻發現自己不知不覺間陷入了物質匱乏、貧困潦倒、灰心喪氣和彷徨不安的狀態之中。那些曾經依靠誠實勞動、艱苦工作和豐富的實踐獲得成功的商人們發現，不但他們的「安全投資」蹤影全無，而且還丟了工作。而當這些家庭面對這些事實時，他們新奇地發現，互相依存是保全自己和氣的任何可能進步的關鍵因素。這樣的認知推動家庭的每一名成員完全承擔起所有其他人的職責。這樣，生活的引

起得以恢復，向前看的計畫得以制定出來。

　　經濟方面的相互依存關係最能展現人類的相互依賴性了。但是，我們的經濟問題被它們的依存性簡單化而不是複雜化了；事實上，經濟法都是由人來制定的。我想把我在接受總統候選人提名時所說的話原原本本地重複一下：

　　「歷史上從未出現過全體人民的利益都集中在一個單一的經濟問題上的情形。想像一下以債權和財產抵押 —— 各種政府債券、工業和公用事業公司的股票，不動產抵押以及國家在鐵路建設方面的巨額投資 —— 形式構成的財產集團的情況。他們中的每一個人都影響著整個金融結構……」

　　我的責任將是使 這些財產集團得到救濟。我將防止對各個財產集團區別對待的情形。在這方面，透過對相互依存關係的透澈理解可以完成這項減輕稅務負擔的工作。像我此前曾經說過的，整個稅收資源領域應當在聯邦政府和各州政府間進行分配，以便剔除當前存在的重複徵稅這種不公正現象。

　　過去 4 年間，對相互依存性的普遍理解程度的加深幾乎是和個人安全感的下滑同步發展的。把這種結果稱作博愛、共同責任還是對社會正義的理解都沒有差別。我從這種發展中看到各階層人民緊密團結，奮發圖強，看到這個國家更加團結了。

　　節省時間的現代通訊和旅行工具的出現使我們國家不同

地域之間的距離在不斷縮小，因此每一個男女都變得對所有離他或她越來越近的鄰居們周圍的人文環境日益負起責任來。各國也是如此。

　　冒著重複的風險，為了將事情說得更清楚些，有些事情以前曾經提到過，顯然，我們的許多國際問題也是彼此相互依賴著的。

　　例如，根據我的判斷，限制武裝力量、廢除某些武器裝備、削減所有國家的進攻性打擊力量的計畫獲得成功將對債務問題和經濟問題的討論產生非常積極的、有益的影響。

　　關於經濟會議，我的觀點是明確的：世界的經濟計畫不應當與有關裁軍或債務的問題混在一起討論。我當然承認，這些問題之間有關聯，但在邏輯上不具有同一性。人們會發現，這些計畫要求進行區別對待。儘管必須完全承認，從最終結果看，這些計畫間的關係會變得清晰可辨。

　　我有充分的理由相信，如同我們國家一樣，許多正承受著工業發展停滯之苦的國家將會響應我們的號召，不遺餘力地為了打破這種已經使世界貿易面臨危險，並使我們國內外數百萬人失去工作的僵局而努力。同時，我想明確指出，與世界其他國家舉行貿易會議不會，也不應當使美國牽涉到歐洲或者其他地方的政治紛爭之中。這也不會使美國再走 12 年前作為國際聯盟的一名成員參與其中的老路。

第十五章　國家與國際團結

　　1920 年，我和我的數百萬美國同胞一道為了使美國參加國際聯盟而努力工作。奔走呼號，見證了最崇高的世界友誼之精神 —— 為防止再次發生世界大戰而努力。我不必為此道歉。

　　今天，如果我認為同樣的、甚至是相似的因素成為爭論的一部分，我仍將支持美國加入國聯；我還會盡可能尋求克服我們國家目前存在的壓倒一切的反對浪潮。但是，如今的國聯再也不是伍德羅·威爾遜所想像的那個國聯了。如果合眾國當初參加進來，國聯還可能是那個國聯。很多時候，經過這些年的發展，國聯的功能不再是為了世界和平這個最重要的目標服務，而是就歐洲政治國家難題展開政治討論的會場。美國不會參與這些事情。

　　美國參加國聯不會依據美國的基本理想為防止戰爭和解決國際難題這些最崇高的目標而奮鬥；這些年來，國聯也沒有沿著其創立者所設想的路線發展，其主要成員國也不曾顯示出把花在武裝力量上的巨額貸款轉移到合法貿易、平衡預算和償還義務的軌道上來的跡象。

　　我相信，關於這些義務方面的困難可以得到克服，因為，如果我們在提供償還債務的方式和方法方面採取現實主義的態度，那麼靠調整關稅帶動貿易復興所獲得的利潤就可能償還債務。

大蕭條開闊了許多人對其肩負的社會責任的眼界。也使許多政治家開闊了他們對國家負有的真正政治責任的眼界。就個人而言，我對這些人——民主黨人和共和黨人都一樣——沒有多少耐心了。長期以來，這些人一直以一種陳腐不堪的黨派慣例來思考問題，認為他們無法看到達成目標的價值，除非貼上他們自己黨派的標籤。我將論功行賞，哪怕在我的黨派對手陣營中也會這樣做。從這個意義上說，我將親自清除黨派界線。

我多認識的某些最務實、最精明強幹、最有雄心壯志的人已經被這些年的環境百般蹂躪，以至於他們認知到，他們必須本著一種新的謙卑精神全體雙膝跪地——據此才會產生一致性的有效行動。

我想多次重複指出，我將繼續努力使政府回復到更加理解人類問題及其與人類問題的關係這個軌道上。政府要服務於這個基本目標。當初的政府就是為了這個目標才創建的。

美國人民在事關我們的國內外經濟政策方面完全醒悟了。人民一致要求實行新政。我一直在和你們講一些途徑，我確信透過這些途徑可以使這些要求得到滿足。我還想在強調一遍：沒有具有魔力的途徑，也不存在包治百病的萬靈丹。現在我們正受著迫切必要性的驅使。任務是明確而不容置疑的。這些就是我們必須要做的事情。試驗這些方法是為了獲

得各方的一致利益。我願意發誓自己會為此而努力。這個過程將是漫長而艱巨的；但在你們的幫助下，我們將達成這個目標。我充滿信心地期待著。

官網

國家圖書館出版品預行編目資料

盼望，小羅斯福新政改革：經濟規劃 × 關稅問題 × 政府重組，帶領人民走出困局，大蕭條後的美國願景 /〔美〕富蘭克林‧羅斯福（Franklin D. Roosevelt）著，孔寧 譯 . -- 第一版 . -- 臺北市：崧燁文化事業有限公司 , 2023.02
面； 公分
POD 版
譯自：Looking forward
ISBN 978-626-357-075-7(平裝)
1.CST: 美國政府 2.CST: 經濟政策 3.CST: 文集
752.262 111022265

盼望，小羅斯福新政改革：經濟規劃 × 關稅問題 × 政府重組，帶領人民走出困局，大蕭條後的美國願景

臉書

作　　者：〔美〕富蘭克林‧羅斯福（Franklin D. Roosevelt）

翻　　譯：孔寧

發 行 人：黃振庭

出 版 者：崧燁文化事業有限公司

發 行 者：崧燁文化事業有限公司

E-mail：sonbookservice@gmail.com

粉 絲 頁：https://www.facebook.com/sonbookss/

網　　址：https://sonbook.net/

地　　址：台北市中正區重慶南路一段六十一號八樓 815 室
Rm. 815, 8F., No.61, Sec. 1, Chongqing S. Rd., Zhongzheng Dist., Taipei City 100, Taiwan

電　　話：(02)2370-3310　　傳　　真：(02) 2388-1990

印　　刷：京峯彩色印刷有限公司（京峰數位）

律師顧問：廣華律師事務所 張珮琦律師

-版權聲明

定　　價：299 元

發行日期：2023 年 02 月第一版

◎本書以 POD 印製